DECADÊNCIA E PRESCRIÇÃO TRIBUTÁRIAS NO DIREITO BRASILEIRO

CIP-BRASIL. CATALOGAÇÃO NA PUBLICAÇÃO
SINDICATO NACIONAL DOS EDITORES DE LIVROS, RJ

B875d

Brito, Edvaldo
Decadência e prescrição tributárias no direito brasileiro / Edvaldo Brito. - 1. ed. - São Paulo : Noeses, 2024.

282 p. ; 23 cm.
Inclui bibliografia
ISBN 9788583102304

1. Direito tributário - Brasil. 2. Decadência (Direito) - Brasil. 3. Prescrição (Direito tributário) - Brasil. I. Título.

24-94587 CDU: 34:351.713(81)

Gabriela Faray Ferreira Lopes - Bibliotecária - CRB-7/6643

Edvaldo Brito

Professor Emérito da Universidade Federal da Bahia e Professor da Universidade Católica do Salvador, em cujas Faculdades de Direito leciona nos respectivos Programas de Pós-Graduação em Direito - PPGD. Professor Emérito da Universidade Presbiteriana Mackenzie. Doutor e Livre-Docente em Direito pela Universidade de São Paulo – USP, onde foi aprovado como Professor Titular de Legislação Tributária e de Direito Civil, em dois concursos públicos de títulos e de provas.

DECADÊNCIA E PRESCRIÇÃO TRIBUTÁRIAS NO DIREITO BRASILEIRO

2024

editora e livraria
NOESES

Fundador e Editor-chefe: Paulo de Barros Carvalho
Gerente de Produção Editorial: Rosangela Santos
Arte e Diagramação: Renato Castro
Revisão: Georgia Evelyn Franco
Designer de Capa: Aliá3 - Marcos Duarte

2024

editora e livraria
NOESES

Editora Noeses Ltda.
Tel/fax: 55 11 3666 6055
www.editoranoeses.com.br

A **Reginalda Paranhos de Brito**, esposa, professora de Direito Civil, minha colega de magistério na UCSAL – Universidade Católica de Salvador, pelos momentos de tertúlia acadêmica.

A **Paulo de Barros Carvalho**, pela fraternal amizade de 50 anos, desde 20.12.1974.

NOTA DO AUTOR

Este livro origina-se da tese apresentada à Faculdade de Direito da Universidade de São Paulo – USP para a obtenção do título de Livre-Docente do Departamento de Direito Econômico e Financeiro – Área de Direito Tributário.

A Banca Examinadora, que a aprovou, presidida pelo professor Eros Roberto Grau, teve como componentes Alcides Jorge Costa, ambos da USP, além de Celso Cordeiro Machado (UFMG), José Souto Maior Borges (UFPE) e Ricardo Lobo Torres UERJ).

As observações feitas por esses renomados professores estão incorporadas ao texto que, na sua atualização, analisa a *Lei complementar nº 208*, de 02 de julho de 2024 a qual, infelizmente, prevê o, juridicamente, descabido *protesto extrajudicial* como causa de *interrupção da prescrição* tributária e analisa, também, a *Ação Direta de Inconstitucionalidade nº 5.135 – DF* que, equivocadamente, julgou constitucional a inclusão da *certidão de dívida ativa* no rol dos títulos sujeitos a *protesto extrajudicial*.

Quem sabe, essas análises contribuam para o conserto desses equívocos jurídicos?

Tomara!

Há outros temas examinados, a exemplo, do redirecionamento da execução fiscal e do *não cabimento*, em matéria de *prescrição tributária*, da teoria da *actio nata*, na sua versão *subjetiva*, os quais têm sido objeto da jurisprudência do Superior Tribunal de Justiça, no julgamento das relações entre particulares.

Agradeço, ao mestrando em Direito, Antonio Ali Brito, a pesquisa jurisprudencial e o apoio da Profa. Maria Leonor Leite Vieira.

Enfim, o Índice Remissivo (alfabético de assuntos) revela a utilidade e a contemporaneidade do estudo contido neste livro.

Boa leitura!

Salvador, agosto de 2024 – Edvaldo Brito

SUMÁRIO

INTRODUÇÃO

1. Colocação do tema

Sucedem-se vários anos e, até hoje, têm-se feito *investigações* sobre a disciplina jurídica da influência do *tempo* sobre as *relações jurídicas*.

Essa disciplina — seja a legal, seja a doutrinária, seja a jurisprudencial — no que toca às *relações jurídicas tributárias*, no Brasil, não foge às divergências inconcebíveis para um atento *investigador*, como se busca demonstrar, neste livro, originário da tese aprovada, apresentada, pelo seu autor, à Faculdade de Direito da Universidade de São Paulo – USP- como candidato à Livre-Docência do Departamento de Direito Econômico e Financeiro – área de Direito Tributário.

Alguns anos são passados e houve, então, observações aceitáveis de alguns dos examinadores, colhidas, à época, que contribuem para a revisão, aqui, do texto original, ora publicado.

A disciplina resultante da jurisprudência tem interpretação tumultuada do texto do Código Tributário Nacional, apesar dos quase 60 anos de vigência desse documento normativo.

Tudo, assim, torna contemporâneo o tema.

A *prescrição* é uma dessas influências do tempo, investigada desde os primórdios do estudo do Direito Romano.

Atribuem-se a DONELLOS, jurista francês, século XVI, as primeiras incursões no terreno das comparações, em razão da *prescrição*, entre as ações temporais (*actio temporales* ou *temporariae*) e as ações perpétuas (*actiones perpetuae*) do Direito Romano.

A *prescrição* operava sobre as *actiones perpetuae*, quando alegada pelo devedor; enquanto que as *actio temporales* eram nulas, *ipso iure*, pelo transcurso do prazo. Portanto, estava, automaticamente, extinta, pelo transcurso do prazo, a ação mesma.

DONELLOS,[1] por isso, entendeu que as ações temporais são aquelas que se extinguem por razões intrínsecas, ao cumprir-se o prazo pelo qual qualquer pacto que pretendesse ressuscitá-las, seria ineficaz.

Esse entendimento conduz a que se veja, nas ações temporais, o embrião da *decadência*.

A distinção entre *prescrição* e *decadência* é construção recente.

Tem-se notícia de que DEMELIUS, em obra que publicou no ano de 1856,[2] esboçou essa distinção quando escreveu: "quando um testador dispõe: tenha A o direito de exigir de meu herdeiro dez anualmente, durante dez anos; e outro: A pode exigir dez anualmente de meu herdeiro e se não os exige durante dez anos cessa seu direito, cada um deles dispõe uma coisa distinta. No primeiro caso, já ao

---

1. -cf. Donellus, Hugh. *Commentaria Ad tit. Dig. De praescriptis verbis et in factum actionibus*, Heidelberg 1574, 1580. *Commentaria ad tit. Inst. De actionibus*, Antuérpia 1581, 1596, 1620.

2. - cf. Demelius, Gustav. *Prescrição e caducidade*. (Untersuchungen aus dem römischen Zivilrechte). Weimar 1856.

nascer, põe-se ao direito um limite, mas, além do qual não pode ter eficácia; no outro, a cessação é posta como consequência de um fato que ocupa um determinado espaço de tempo, de tal maneira, que a cessação está produzida pelo transcurso do tempo somente mediatamente".[3]

Contudo, somente no final do século XIX é que a doutrina alemã elabora a noção técnica de *decadência*, nos termos modernamente, conhecidos.

GRAWEIN,[4] em 1880, é tido como o pai do conceito jurídico de *decadência*, porque é considerado o autor da distinção doutrinária entre *prescrição* e *decadência*.

Essa formulação alemã é recebida, imediatamente, pela doutrina italiana e, sucessivamente, pelas francesa e espanhola.

O legislador, nesses países, não a registrou em seus textos normativos, até que o Código Civil português de 1966, portanto, em mais da metade do século XX, recolhe os avanços dessa doutrina.

A Parte Geral acolhe o sugestivo título de influência do tempo nas relações jurídicas, distribuindo a matéria em três seções, incluindo a *prescrição* (arts. 300 a 327) e a *decadência* (arts. 328 a 333).

O pai do conceito jurídico de *decadência*, assim o elaborou:

> há direitos aos quais já ao nascerem é concedida uma duração limitada e que, portanto, com o fim do prazo de vida, extinguem-se por si mesmos, sem que, para isto, seja necessário que intervenha causa ordinária de extinção, isto é, um fato anulador de direitos. A causa da extinção de um direito temporal não está fora dele, não exerce sua influência de fora, ela está no direito

---

3. - cf. Gómez Corraliza, Bernardo. *La caducidad*. Madrid: Editorial Montecorvo, S.A., 1990, p. 31.

4. - cf. Grawein, Alexander. *Verjährung und gesetzliche Befristung*. Leipzig, 1880.

mesmo, em sua limitação temporal, em sua carência de força para sobreviver a um *dies fatalis*.

E continua:

> O término de um direito temporal é uma conjunção no verdadeiro sentido da palavra, não uma abolição; pois, o que tem terminada a sua força para subsistir não necessita nem pode ser abolido, isto é, não pode ser impedida a sua extinção por uma causa exterior. A função que o momento do tempo joga na temporalidade (caducidade) está clara. Enquanto o tempo fixa o princípho e o fim do direito, forma a medida do direito mesmo: tanto tempo tanto direito — whe viel frist, so viel Recht.

Foi dito, porém, linhas atrás, que o legislador dos países nos quais essa doutrina prosperou não a adotou, de logo.

O exposto permite compreender porque, no Brasil, também, à época, o direito positivo não registrou a diferença,[5] a ponto de o Código Tributário Nacional, ao fazê-lo, ter sido, como o é, infiel à essência dessas categorias — a *decadência* e a *prescrição*.

O tema deste trabalho[6] coloca-se na perspectiva de defender teses que recuperem os elementos constitutivos de cada qual dessas duas categorias, lembrando que, de permeio, surgem os estudos de WINDSCHEID[7] sobre a *pretensão* interferindo na noção de *prescrição*.

---

5. - cf. Beviláqua, Clovis. *Código civil dos Estados Unidos do Brasil*, ed. Rio, 1975, vol. p.437: "O Código Civil não distinguiu a prescrição dos *prazos extinctivos*, que operam a decadência ou caducidade dos direitos. No entanto, a doutrina estabelece differenças entre as duas figuras jurídicas. O prazo extinctivo opera a decadência do direito, objectivamente, porque o direito é conferido para ser usado num determinado prazo; se não fôr exercido, extingue-se. Não se suspende nem se interrompe o prazo; corre contra todos, e é fatal. Termina na hora pré-estabelecida".

6. - Este trabalho é a tese revista e atualizada, originalmente, apresentada à Faculdade de Direito da Universidade de São Paulo - USP, com a qual o autor obteve o título de Livre-Docente do Departamento de Direito Econômico e Financeiro área de Direito Tributário.

7. - cf. Windscheid, Bernhard Joseph Hubert. *Diritto delle pandette*. Trad. del Professori Carlo Fadda e Paolo Emilio Bensa Torino: ed. Unione Tipografico-Editrice Torinese, 1930 p. 169-171.

2. Justificativa da escolha do tema

As circunstâncias supramencionadas, aliadas às contemporâneas equivocadas decisões judiciais sobre o tema, justificam a escolha dessa análise, em termos acadêmicos, porque das discussões — inclusive, na interação entre os membros[8] da Banca Examinadora — este trabalho provocou novas tendências para a *interpretação* dos dispositivos codificados.

Tantos anos passaram-se, entre a data da defesa desta tese e hoje, sem que tenha melhorado essa *interpretação*, tornando atualizados os objetivos que motivaram este trabalho e cabíveis as questões adiante suscitadas.

3. Principais questões a serem analisadas

Colocam-se, sob exame, neste estudo, dentre outras, as seguintes questões:

I) - qual a natureza jurídica do *lançamento* que é a *atividade* administrativa à que a lei atribui a função de *constituir* o crédito tributário?

II) - qual a vinculação entre essa *atividade* e a *constituição definitiva* do crédito tributário?

III) - essa *atividade* abrange todo *iter* do procedimento que torna o crédito *exigível*?

IV) - em tais circunstâncias, qual a natureza dos atos constitutivos desse procedimento?

V) - a teoria dualista da obrigação é explicativa da funcionalidade da obrigação tributária, para o

8. - A Banca Examinadora foi constituída pelos professores Eros Grau (presidente), Alcides Jorge Costa, Celso Cordeiro Machado, José Souto Maior Borges e Ricardo Lobo Torres.

efeito de identificar os prazos *decadenciais* e *prescricionais*?

VI) - a suspensão da exigibilidade do crédito tributário paralisa a contagem do prazo de *prescrição*?

VII) - ocorre a *prescrição intercorrente* na esfera administrativa?

4. Metodologia

Este estudo reflete pesquisa e, por isso, utilizou-se dos meios apropriados para a obtenção dos resultados que apresenta. Os instrumentos de que se socorreu o seu autor são aqueles tradicionais para o mister: uma tese acadêmica — bibliografia especializada produzida doutrinária e jurisprudencialmente — ora revista, atualizada e ampliada para acolher as discussões ocorridas após a sua primitiva elaboração.

A matéria, sob exame, é bastante controvertida e, nestas circunstâncias, mereceu seleção que se aproxima do pensamento original aqui refletido.

CAPÍTULO I

A RELAÇÃO JURÍDICA TRIBUTÁRIA

1.1 Noção de relação jurídica

1.1.1 O conteúdo

A expressão *relação jurídica* não é unívoca. Alguns adotam-na no *sentido amplo* de que se trata de toda relação entre pessoas, à qual a *lei* atribui *um* efeito, nascida de um fato.[9]

Esta amplitude de significação compromete, técnico-juridicamente, a noção porque, nestes termos, exclui-se a *relação jurídica* de direito real; o que não é possível.

Essa definição dificultaria a explicação de que, na *relação jurídica* cujo objeto é o direito real, há o domínio de uma *pessoa* sobre uma *coisa*. Ter-se-á a resposta que, de logo, deve ser anunciada a partir da ideia da existência de duas *relações jurídicas* no chamado direito sobre as *coisas*: a primeira ocorre entre o titular do direito real e a

9. - cf., por todos, Chiovenda, Giuseppe. *Instituciones de derecho procesal civil* (Istituzioni di Diritto Processuale Civile):conceptos fundamentales la doctrina de las acciones. Traducción del italiano y notas de Derecho Español: E. Gomez Orbaneja. 2 ed. Madrid: Editorial Revista de Derecho Privado. v. 1, 1948. p.3.

coisa e a segunda, é desse titular com o sujeito que *turba* ou que *esbulha*.

Esta análise crítica conduz a que se considere que a *relação jurídica* revela uma ligação entre elementos da vida social — e não somente *entre pessoas* — à qual a *ordem jurídica* — e não somente a *lei* que é, apenas, um dos integrantes dessa *ordem* — atribui efeitos.

Por isso, quando a expressão é tomada em *sentido estrito*, significa toda e qualquer relação social à qual a *ordem jurídica*[10] atribui os efeitos de fazer nascer um *direito subjetivo*, ao tempo em que dá origem ao correlato *dever jurídico* ou a uma *sujeição*.

O conteúdo semântico, na linguagem jurídica, dos signos *ordem jurídica, direito subjetivo, dever jurídico, direito potestativo, sujeição, ônus, poder-dever* são do domínio geral, mas, não custa lembrá-lo para o efeito didático a que se propõe este trabalho e considerando que, ao comporem a estrutura interna da relação jurídica, em geral, refletem naquela relação jurídica específica, cujo objeto é uma *obrigação tributária*.

Diga-se, por necessário e de passagem, que muitas das categorias batizadas com esses signos, têm sido adotadas por uns e rejeitadas por outros estudiosos, de referência à matéria, aqui, examinada. São exemplos o *direito potestativo* e o *poder-dever*[11] como explicativas da *atividade administrativa*, legalmente, atribuída à *constituição do crédito tributário* e sua vinculação à *decadência* e à *prescrição*.

O *direito subjetivo* é um conjunto de *faculdades* que a *ordem jurídica* outorga ao sujeito de direito. Exemplo

---

10. - cf. por todos, Grau, Eros Roberto. *Elementos de direito econômico*, p.41: "A ordem jurídica, amplamente, pode ser referida como um sistema de princípios e normas jurídicas voltado à organização social".

11. - cf., por todos, o voto do min. Moreira Alves, como relator do RE nº94.462-1 São Paulo.

delas: *gozo* e *disposição*. A *primeira* é inerente a todo direito dessa natureza, porque a qualidade precípua que ele tem é a de ser *exercido* (gozado), pelo seu titular, sob pena de *caducidade*; portanto, não há *direito subjetivo* sem a possibilidade de ser *gozado*. A *segunda*, ainda que seja comum à grande maioria desses direitos, há alguns, nos quais ela não se apresenta. É nesse sentido que se fala nos *direitos indisponíveis*.

Há uma categoria desses direitos em que a *faculdade* de *gozo* se expressa por meio de um *poder* cujo titular manifesta-o por um ato de sua vontade e só por ele, ou pela integração de um ato jurisdicional, produz um efeito que consiste em o destinatário *suportar* tal exercício. A essa categoria denomina-se *direito potestativo* e a essa situação do destinatário chama-se *sujeição*.

É na faculdade de *gozo* que o tempo influi na relação jurídica.

MANUEL DOMINGUES DE ANDRADE,[12] face ao exposto, distingue, no *direito subjetivo*, duas categorias:

os direitos subjetivos, propriamente ditos;

os chamados *direitos potestativos*,

considerando esses últimos como uma classe dos primeiros; ou seja, diferentemente de alguns estudiosos, esse autor, acertadamente, inclui os *direitos potestativos* no *gênero* direitos subjetivos.[13] CARLOS DA ROCHA GUIMARÃES tem conclusão idêntica.[14]

Esses conceitos interessam, aqui, porque é necessário identificar a natureza jurídica do procedimento do sujeito

---

12. - cf. *Teoria geral da relação jurídica*, vol. I, Coimbra, 1974, p. 10.

13. - cf. ob. cit., p. 12.

14. - cf. Guimarães, Carlos da Rocha. *Prescrição e decadência*. Rio de Janeiro: Forense. 1ª ed., 1980. p.28 e 2ª ed., 1984. p. 73.

ativo da obrigação tributária, na efetivação do seu *direito subjetivo* de crédito. Há teses a favor e contra à natureza de exercício de um *direito potestativo* para esse procedimento.[15]

Já o *dever jurídico* consiste na *prestação* que incumbe ao destinatário do exercício de uma *faculdade* de gozo que não se revista desse *poder* porque, neste, o seu titular manifesta-o por um ato de sua vontade.

Essa noção impõe-se porque na relação jurídica tributária há *situações* que ou tipificam esses conceitos ou, apenas, a eles se assemelham, necessitando, por isso, de identificação para que se possa aplicar o respectivo regime jurídico, também, típico de cada qual deles.

O ônus, sabe-se, é uma atribuição que a *ordem jurídica* dá ao titular de um *direito subjetivo* para que possa conservá-lo.

PERLINGIERI[16] define-o "como uma obrigação potestativa, no sentido de que o seu titular pode realizá-lo ou não".

Efetivamente, o ônus *jurídico* é um ato do titular de um *direito subjetivo*, imposto pela ordem jurídica com o objetivo de preservar *direito subjetivo* próprio.

Distingue-se do *dever jurídico* porque: a) – a sua inobservância não é passível de sanção por ser uma "obrigação potestativa" e b) – não tem como finalidade satisfazer interesse alheio e sim do próprio *onerado*.

O *poder-dever*, ensina o magistério de ORLANDO GOMES,[17] é uma figura intermediária entre o *poder* propriamente dito e o *direito subjetivo*. Por isso, há de consistir na

---

15. - cf. Guimarães, Carlos da Rocha. ob. cit. e ps. cits.; cf., também, RE nº94.462-1 (E.) São Paulo, rel. min. Moreira Alves.

16. - cf. Perlingieri, Pietro. *Perfis do direito civil:* introdução ao direito civil constitucional. Tradução de Maria Cristina de Cicco. 2 Ed.. Rio de Janeiro/São Paulo: Renovar, 2002. p. 128.

17. - cf. *Introdução ao direito civil*, 22ª ed. Coordenador e atualizador Edvaldo Brito; atualizadora Reginalda Paranhos de Brito. Rio de Janeiro: Forense, 2019, p. 81.

aptidão que a *ordem jurídica* confere a alguém, que tem uma *faculdade* de agir, concomitantemente, com o cumprimento de uma *prestação* que lhe é atribuída.

SANTI ROMANO,[18] no seu texto, escrito em 1901, demonstra que essa categoria não é estranha ao Estado, ao dizer que a noção de direito supremo deve ser distinta da de poder público, pois todo direito implica naturalmente poder, mas, nem todo poder implica um direito.

Poder, na definição deste autor, é qualquer capacidade jurídica ou mesmo natural e de fato, que também pode corresponder a um *dever*.

Portanto — diz ele — é *poder* e *dever* do Estado fazer justiça aos seus juízes. Isso vale, também, para aqueles poderes que são chamados de *discricionários*, isto é, que exigem *faculdades* que não são perfeitamente determinadas em seu conteúdo, mas, apenas, dentro de seus limites, dentro dos quais os endereços podem ser expressos de muitas maneiras. A natureza jurídica indeterminada deles não impede que a figura do *dever* seja delineada em seu exercício, muitas vezes ainda mais grave por não estar plenamente determinada.

E conclui: além disso, a este respeito, não se pode esquecer o princípio de que aquilo que num sentido e nas relações com uma pessoa é um *direito*, pode, noutro sentido e nas relações com outra pessoa, constituir um *dever*.

Esta sua noção justifica que o Estado-Administração, também tenha submetido o exercício das suas prerrogativas a prazos de *decadência* e de *prescrição*.

1.1.2 Os elementos constitutivos

Os conceitos, objeto das referências supra, integram a *estrutura* interna da relação jurídica, ao lado de outros que

18. - cf. *Principii di diritto amministrativo italiano*. Milano: Società Editrice Libraria. 1901, p. 36.

são essenciais à sua existência, ora fazendo-a nascer, ora compando-a e se chamam, por isso, ou o seu fato propulsor — o *fato jurídico* — ou os seus elementos constitutivos — o *subjetivo* e o *objetivo*.

Os três interessam ao exame do tema proposto.

A *garantia* é a ação judicial; embora mais apropriada à disciplina do direito processual, deve ser incluída entre os conceitos partícipes dessa estrutura.

O *fático*, na linguagem de ORLANDO GOMES,[19] corresponde ao fato propulsor da relação jurídica que é o *fato jurídico*, ou seja, o acontecimento *natural* ou o *volitivo* (no sentido de *ação humana*), ao qual a *ordem jurídica* autoriza como criador, modificador ou extintor de *direitos subjetivos*.

Vincula os *sujeitos* (relação de *direitos pessoais*) ou submete a *coisa* ao poder da pessoa (relação de *direitos reais*), *concretizando* a *relação abstrata*.

O acontecimento é, obviamente, qualquer um dos episódios aos quais essa *ordem jurídica*, portanto, atribui efeitos. O tema, aqui, interessa-se pelo *fato*, considerando que, no direito positivo brasileiro, ele marca o termo inicial da contagem do prazo de *decadência*, em matéria tributária.

Então, esse elemento poderá ser caracterizado ou por um acontecimento *natural* ou por um acontecimento *volitivo*. Entendido o primeiro como elaboração da Natureza; elaboração espontânea. E o segundo, como *ação*, como *ato* que o homem pratica, causando um certo efeito prestigiado pela *ordem jurídica*.

Classificam-se os acontecimentos *naturais* em duas categorias:

- ou ele é *ordinário*, isto é, um episódio que acontece, sempre; é uma ocorrência regular: o nascimento ou a morte de uma pessoa natural;

---

19. - cf. *Introdução ao direito civil*. 22ª ed. ob. cit., p.79.

- ou ele é *extraordinário* porque é esporádico, acidental, casual, raro. Deste, é exemplo o *caso fortuito* que consiste em uma força da *Natureza* capaz de impedir que alguém pratique um *ato*.

O exemplo clássico do acontecimento *natural extraordinário* é o *caso fortuito*, porque ele e a *força maior*, da qual se distingue, são, em matéria de *obrigações*, obstáculos estranhos ao poder do devedor, o qual não tem como evitá-lo e, por isso, fica impedido de cumprir uma *prestação*.

Ambos (*caso fortuito* e *força maior*) têm em comum essas características:

a) - serem forças maiores do que a do devedor, a ponto de este não poder impedi-las;

b) - serem *imprevisíveis* porque nem o devedor, nem o credor e nem ninguém poderiam imaginá-los, nas circunstâncias da ocorrência do *vínculo*;

c) - serem *imprevistos* porque credor e devedor não combinaram que o *solvens* por eles se responsabilizariam (art. 393 do Código Civil).

Contudo, como foi anunciado supra, os dois distinguem-se, entre si, porque a *força maior* é um obstáculo criado por outrem e não pela *Natureza*, logo, não pode ser considerada, de maneira nenhuma, como um acontecimento *natural*.

O acontecimento *natural* é um fato, propriamente dito, porque é um *fenômeno*, é o que *existe na realidade*; daí que, ao ser aquinhoado, pela *ordem jurídica*, com a função de produzir certos efeitos, é denominado pela doutrina como **fato jurídico** "*stricto sensu*", por ser, o *fato*, propriamente dito.

Importante insistir que o direito positivo brasileiro, sempre, distinguiu *caso fortuito* e *força maior*, seguindo tradição que remonta à pré-história do Direito, ainda que a redação do art. 393 e a do seu parágrafo, no texto de 2002 do

Código Civil brasileiro, induza o intérprete assistemático a supor que a *cópula OU* é uma *alternativa includente.*

Logo, no art. 399 desse diploma legal verifica-se que a *cópula* é uma *alternativa excludente* como se fosse *OU* ... *OU*; tanto que a expressão "*se estes ocorrerem*" demonstra que é um plural para abranger *cada qual* das duas categorias, como se a conjunção fosse aditiva.

Prossegue essa demonstração, ao apreciar-se o § 1º do art. 492, o art. 575, o § 1º do art. 667 ou o art. 862, do estatuto de direito privado brasileiro, o qual se refere somente ao *caso fortuito* e, de forma idêntica, relativamente à *força maior*, os arts. 607, 636, 642.

O acontecimento *volitivo*, como está dito linhas acima, é uma *ação* humana.

Esta palavra *volitivo* é um tanto quanto ambígua, considerando-se que pode ter, também, o conteúdo semântico de um *sentimento* que impulsione alguém a um objetivo decorrente de suas faculdades mentais de representação de um *ato*.

Mas, aqui, ela quer significar a *ação* do homem, em oposição à *ação* da *Natureza*. A *vontade*, aqui, não é um elemento *psíquico* de simples declaração de um *sentimento*.

Volitivo, no termo ora empregado, significa qualquer *ação* que o homem tiver praticado com o efeito de *declaração de vontade*, isto é, *ação* que exprima um acontecimento causador de relação jurídica.

Declaração de vontade não se confunde com *manifestação de vontade*.

Deve-se a MANIGK[20] a distinção, de modo a que a *declaração* tem um *propósito notificatório* para o receptor da

---

20. - cf. Manigk. Alfred. Declaração de intenção e ato de vontade: sua concepção e tratamento de acordo com o Código Civil: um sistema de ações judiciais = *Willenserklaerung und willensgeschaeft* Berlin, F.vahlen 1907.

mensagem, enquanto a *manifestação* consiste numa atividade volitiva não dirigida a ninguém, especificamente, de que é exemplo a *derrelição* de um objeto.[21]

LARENZ,[22] por sua vez, refere-se a outras formas de *declaração* demonstrativas de que esta não tem *solenidade*; tais são aquelas que dão origem a *obrigações contratuais* nascidas de oferta pública de fato e da aceitação do fato da *prestação*, em que consiste a, chamada por ele, *conduta social típica*, como o é a utilização de um veículo de transporte público.

Por não ser um acontecimento de *existência real*, não é, propriamente, um *fato*.

Esta a razão de a Doutrina denominar essa categoria, quando ela é dotada de efeitos jurídicos, como sendo o *fato jurídico* tomado no seu sentido amplo: **fato jurídico** "*lato sensu*".

Consequentemente, se é uma *ação*, é um **ato**, por isso, a categoria é designada por **ato jurídico**.

Essa *ação* humana produz-se ou *conforme* a *ordem jurídica* a descreve ou em adversidade a essa descrição. Assim, o ato jurídico é, respectivamente, **lícito** ou **ilícito**.

O *ato jurídico lícito*, propriamente dito, (**ato jurídico** "*stricto sensu*") é o processo de criação, é a conduta, é o procedimento de alguém, *conforme* o descrito pela *ordem jurídica*.

Mas, tomada essa *ação* no sentido amplo (**ato jurídico** "*lato sensu*") pode-se incluir na categoria do *ato jurídico* a conduta humana quando, na sua *interferência intersubjetiva*, recebe atribuições da *ordem jurídica* configurando,

---

21. - *Res derelicta* = coisa abandonada. Cf. Brito, Edvaldo. *O contrato com pessoa a declarar, no Brasil, é um pacto: transversalidade entre direito privado e direito tributário*. 1ª ed. São Paulo: Noeses, 2023, p.8 e segs.

22. - cf. Larenz, Karl. *Derecho de obligaciones*, tomo I, versión española y notas de Jaime Santos Briz. Madrid: Editorial revista de Derecho Privado. 1958, p. 58.

desse jeito, a ampla categoria dos **negócios jurídicos,**[23] cujo exemplo preeminente é o *contrato*.

O *fato jurídico*, na classificação mais abrangente, reveste-se, portanto, desses caracteres cujo resumo é o seguinte:

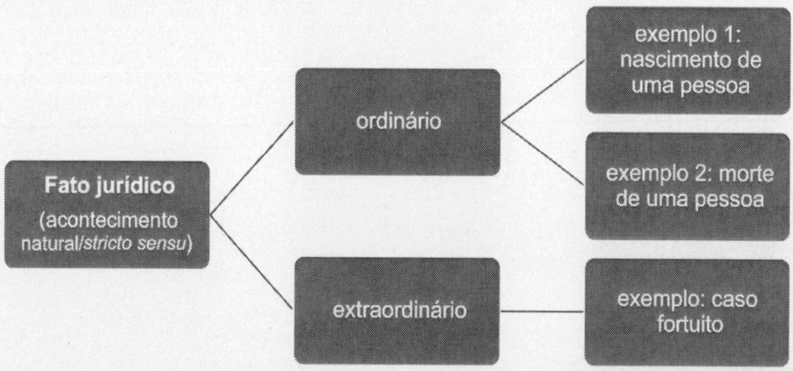

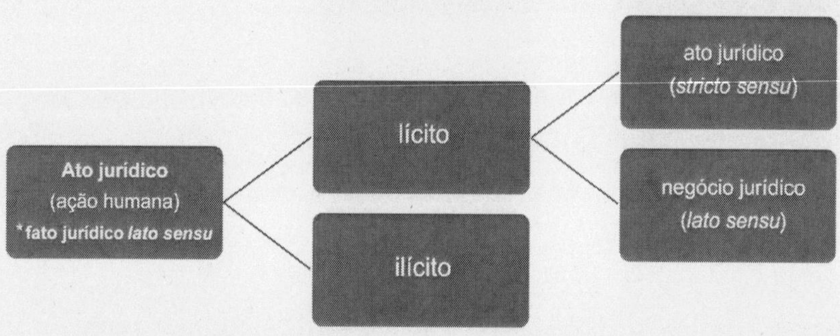

Esse aspecto *fático*, por todas as razões expostas, é importante na análise do tema proposto, porque é o *fato propulsor* da relação jurídica tributária, é o denominado **fato gerador da obrigação tributária**, pode ter a forma de qualquer desses caracteres.

É esta forma que revela o tipo tributável, a "*facti specie*" tributária.

---

23. - cf. Gomes. Orlando. *Introdução ao direito civil.* 22ª ed. ob. cit. p.203: "o *negócio jurídico* é o instrumento próprio da circulação dos direitos, isto é, da modificação intencional das relações jurídicas".

É, também, esse fato gerador da obrigação tributária *termo inicial* da contagem do prazo *decadencial* e *pressuposto* para a contagem futura do prazo *prescricional*.

Outrossim, em direito tributário, tal como se demonstrará adiante, não se deve confundir esse *fato jurídico* com a *hipótese legal* que o descreve.

Consequentemente, somente este *fato* — e não essa sua *hipótese* — é o termo inicial do prazo de *decadência*.

Esse aspecto *fático* por ser, assim, o *propulsor* da relação jurídica, dá ensejo ao ingresso no campo da chamada escola do *egologismo existencial* de CARLOS CÓSSIO,[24] para dizer que o Direito, enquanto *fenômeno* social, enquanto *objeto cultural*, sendo *conduta humana na sua interferência intersubjetiva*, onde houver mais de *um* ser humano, haverá, certamente, a possibilidade do *fenômeno jurídico*.

A qualidade de *propulsor* da relação jurídica tira-lhe a de *elemento*, porque, assim, seria parte integrante da relação e não o seu *impulso*.

A *norma jurídica*, nestes termos, exprime o direito saído da *fonte* que a produz; ela *positiva* esta *conduta em sua interferência intersubjetiva*, consistindo, assim, em mero *pensamento* dessa *conduta*, padronizando-a, conferindo a todos a faculdade de agir conforme os termos que ela veicula.

Com isso, pode-se afirmar que o Direito é, efetivamente, *fato* social: "*ex facto oritur jus*".

E sendo *fato* social, não se pode despregar da relação jurídica um *elemento* fundamental, que é o *subjetivo*, a quem incumbe o protagonismo.

E, se se fala de *conduta humana em interferência intersubjetiva*, certamente, fala-se de dois polos habitados por

---

24. cf. .*La Teoria Egologica del Derecho*: el concepto juridico de liberdad. 2 Ed.. Buenos Aires: Abeledo-Perrot, 1964. p. 56.

sujeitos de um lado e de outro. A um deles, chama-se de *polo ativo*, por isso, agasalha o *sujeito ativo* da obrigação ao outro, de *polo passivo*, por isso, acolhe o *sujeito passivo*. Aqui, já se pode falar de *elementos* da relação jurídica, que são dois:

a) – subjetivo e

b) – objetivo

O ***elemento subjetivo***

Esse elemento *subjetivo* enseja muitas observações porque ele revela os dois *sujeitos* da relação jurídica (o *ativo* - titular da prerrogativa de exigir a *prestação* ou aquele legitimado a praticar o ato que coloca o outro em estado de sujeição; e o *passivo* – é o destinatário do exercício desses, respectivos, ou faculdade ou poder), por isso, no caso da relação jurídica tributária, esses *sujeitos*, ora têm posição de igualdade, ora aquele (o *ativo*) tem superioridade sobre este (o *passivo*).

Esses sujeitos, assim classificados, terão a natureza jurídica de *pessoas*, vale dizer, seres a quem a *ordem jurídica* dota de suscetibilidade de exercer direitos subjetivos e de cumprir deveres jurídicos; ou de submeter-se a *sujeições*.

Enfim, ter "a idoneidade para ser sujeito de relações jurídicas".

A *pessoa* tem dois regimes jurídicos: o que disciplina seres com individualidade *físico-psíquica*, capazes de *vontade*, de ação própria (*pessoa natural*) e o que disciplina *coletividades de homens* (*associações, sociedades civis* e *mercantis*) ou *patrimônios afetados*, pelo homem, a um determinado fim (*fundações*), todas essas *coletividades*, sob a denominação de *pessoa jurídica*.

Os *sujeitos*, assim *classificados* (*ativo* e *passivo*) e identificados por *natureza jurídica* (*pessoas natural* e *jurídica*), têm de ostentar os atributos, dentre os quais avulta a *aptidão* para a prática de atos jurídicos: a *capacidade* negocial e delitual ou, em termos de direito público, a *competência*.

O aspecto *subjetivo*, ora analisado, tem a ver com o tema da *decadência* e da *prescrição* porque há necessidade de identificar na relação jurídica qual o *sujeito em favor do qual* se estabelece o *prazo* que marca o fim da existência do *direito subjetivo do outro*.

O ***elemento objetivo***

O elemento *objetivo* corresponde ao *bem jurídico* de referência ao qual se exercem as prerrogativas inerentes ao *direito subjetivo*, ou seja, incide o *poder* de *exigir* a *prestação* ou o *ato* de *vontade* do titular desse direito.

A relação jurídica tributária, como se reafirmará adiante, tem natureza *obrigacional*.

Então, vale aqui relembrar que, na *obrigação*, há dois *objetos*:

a) - o *imediato* que é a própria *prestação* a qual, por sua vez, é a *conduta* do *sujeito passivo* (o devedor) que ou a assumiu ao vincular-se (obrigação cuja *fonte mediata* é o contrato ou a declaração unilateral de vontade); ou a *conduta* que terá de observar quando integra uma situação de fato diretamente descrita na lei, de que são exemplos as *obrigações reais*; ou a *conduta* que lhe é imposta em razão de ter praticado um ato ilícito. A *prestação* consiste, por isso, em uma ação (*dar* coisa, *fazer* coisa) ou em uma omissão (*não fazer*);

b) - o *mediato* que é o instrumento com o qual o devedor realiza a sua *conduta*. Logo, na relação jurídica sob exame, se tomada pelo seu lado passivo, isto é, a *prestação*, pode-se afirmar, simplesmente, que o *objeto* dessa relação é a *obrigação*, porque a *prestação* de uma relação jurídica obrigacional é, obviamente, a própria *obrigação*, o *vínculo jurídico* que une os dois polos do elemento *subjetivo* antes referidos.

Reitere-se, contudo, que examinada a estrutura interna da *obrigação* (objeto de uma relação jurídica obrigacional), nela se encontrarão, também, *objetos* (imediato e mediato), os dois supracitados.

Pelo que se expôs a título de conteúdo da relação jurídica, verifica-se que se afirma ser o *direito potestativo* integrante desse conteúdo.

Logo, se o objeto de uma relação jurídica é o objeto do direito, a conclusão é a de que, aqui, diverge-se da doutrina tradicional que o aponta como sendo uma categoria que, não correspondendo a um *dever jurídico* e que não admitindo violação, não teria, portanto, um objeto...[25]

O espaço, neste ponto da exposição, ainda, não é propício para essa discussão, por isso, basta, agora, reiterar essa discordância.

1.2 A relação jurídica tributária

A *estrutura* da relação jurídica tributária tem conteúdo e elementos idênticos aos de qualquer outra e, por isso, ela é igual, sob esse aspecto estrutural, às demais. Contudo, apresenta-se, no *plano funcional*, ora, com os dois polos do elemento *subjetivo* em posição de igualdade, ora, com um deles, o *ativo*, em posição privilegiada sobre o *passivo*.

Outrossim, aqui, já se deve, sob esse mesmo prisma da *funcionalidade*, acentuar outra diversidade: o elemento *objetivo* possui peculiaridades, por exemplo, a da *liquidação da obrigação* realizada pelo próprio sujeito *ativo* da obrigação.

---

25. - cf. Andrade, Manuel A. Domingues de. *Ob. cit.*, p. 21.

Daí a defesa da tese exposta neste trabalho, quanto à existência de uma *outra relação jurídica* decorrente dessa *tributária*, a que se denomina de *relação jurídica fiscal* ou relação jurídica *procedimental*.

Assim, a *relação jurídica tributária* tem como sujeito *ativo* o *Estado Potestade*, enquanto que a *fiscal* tem-no como o *Estado Administração*.

Raciocinar nestes termos é admitir a necessária distinção entre *Direito Tributário* e *Direito Fiscal* – partes do *Direito Financeiro* – definindo-se o primeiro como o conjunto de normas jurídicas que disciplina a *relação jurídica tributária* e o segundo, a *relação jurídica procedimental* travada entre o *Fisco* (*sujeito ativo*) e o *contribuinte* ou o *responsável* (*sujeito passivo*).

Forçoso é concluir que o núcleo, o cerne de cada um — *Direito Tributário* e *Direito Fiscal* — é, respectivamente, o *fato gerador* e o *lançamento*.

1.2.1 A hipótese do fato gerador e o fato gerador

Os variados sistemas jurídicos, no mundo, trazem características que os peculiarizam. O brasileiro, que é integrante do tipo *continental europeu*, da família *civil law*, confere ao legislador o privilégio de formular a *linguagem objeto* expressa na norma legal.

É a partir dessa *linguagem* que os demais investigadores do *fenômeno jurídico* trabalham a *metalinguagem*, isto é, falam sobre a *linguagem objeto* desempenhando a tarefa de *legislador racional* a que se refere CARLOS SANTIAGO NINO.[26]

Essa tarefa consiste, também, em suprir *lacunas* ou mesmo defeitos do legislador, este, ao elaborar a norma legal, enquadrando, nas *circunstâncias de tempo e de espaço*

---

26. - cf. *Consideraciones sobre la dogmática jurídica*, México: ed. UNAM, 1974. p. 85 e segs.

de época diferente, a linguagem objeto emitida em uma época anterior. O doutrinador – cientista do Direito – e o Juiz são os melhores exemplos de *legislador racional.*

Mas, suprir *lacunas* ou corrigir outras deficiências do legislador não inclui a *exigibilidade* de tributo — por modalidades, a exemplo do que ocorre no chamado *redirecionamento da execução fiscal* — nem a sua *dispensa*, nas situações em que inexista norma legal expressa disciplinando-as.

Lacunas não se confundem com *silêncio eloquente*, hipótese do *redirecionamento.*[27]

Esta situação determina que a análise de *institutos, conceitos* e *formas* de um ramo do Direito seja feita a partir dessa *linguagem objeto.*

Avulta tal análise, quando o *fato* deva ser considerado como *tipo criminal* ou como *tipo tributário.*

Esses dois *tipos* são descritos pelo legislador sob forma *cerrada*, pelo que não admitem, nas interpretações de suas respectivas definições, o socorro à *analogia* para o efeito de *integração* normativa quando o hermeneuta se depara com a ausência de disposição expressa a que incumbiria explicitar, objetivamente, todos os elementos do *tipo.*

Esta é a razão pela qual se diz que há a preeminência do *princípio da legalidade* na descrição desse *tipo*, tal como decorre da norma constitucional insculpida no inciso I do art. 150 da Lei Maior desdobrada nos arts. 97 e 108, § 1º da lei de *normas gerais de direito tributário*, o Código Tributário Nacional.[28]

---

27. - cf. Larenz, Karl. *Metodologia da ciência do direito.* 8ª ed. Tradução de José Lamego. Lisboa. Edição da Fundação Calouste Gulbenkian. 2019, p. 525: ocorre quando o legislador não quer admitir uma categoria jurídica que, em princípio, não lhe era desconhecida e, por isso, intencionalmente, não inclui, na lei, disposições a respeito.

28. - ***CONSTITUIÇÃO*** - "Art.150 - Sem prejuízo de outras garantias asseguradas ao contribuinte, é **vedado** à União, aos **Estados**, ao Distrito Federal e aos Municípios:

O *tipo tributário*, por força desse *princípio da legalidade*, somente pode ser debuxado, obviamente, em uma *norma jurídica* de nível legal, cabendo ao intérprete dessa *norma* obedecer, rigorosamente, aos seus termos.

Lembre-se, de logo, que uma norma jurídica não se confunde com um artigo de uma lei. É que a norma pode ser formulada até por mais de um artigo de mais de uma lei.

Norma jurídica é um *juízo disjuntivo* porque é formulada mediante *hipóteses* alternativas: uma é a *hipótese* que faz o *relato* e, por isso, retrata o *fato temporal* e a outra é a que consigna o *cometimento* como sanção para o descumprimento do que se descreve no *relato*.

Essas duas *hipóteses*, no caso do *tipo tributário*, são fornecidas, *unicamente* pelo legislador, desde o momento em que ele emite a regra de *competência*, na Constituição, outorgando atribuição aos entes políticos integrantes da Federação (União, Estados, Distrito Federal e Municípios) para instituírem os *tributos*.

Não se perca de vista, também, desde agora, que, por serem *hipóteses*, o *relato* e o *cometimento* são juízos e, consequentemente, são abstrações que se têm de caracterizar através da ocorrência dos *fatos* tipos, expressões das relações travadas pelos indivíduos, na sociedade.

I- exigir ou aumentar tributo sem **lei** que o estabeleça". ***CÓDIGO TRIBUTÁRIO NACIONAL*** "Art. 97. Somente a **lei** pode estabelecer: I- a instituição de tributos, ou a sua extinção; II - a majoração de tributos, ou sua redução, ressalvado o disposto nos arts. 21, 26, 39, 57 e 65; III- a definição do fato gerador da obrigação tributária principal, ressalvando o disposto no inciso I do parágrafo 3º. do art. 52, e do seu sujeito passivo; IV- a fixação da alíquota do tributo e da sua base de cálculo, ressalvado o disposto nos arts. 21, 26, 39, 57 e 65; V- a cominação de penalidades para as ações ou omissões contrárias a seus dispositivos, ou para outras infrações nela definidas; VI- as hipóteses de exclusão, suspensão e extinção de créditos tributários, ou de dispensa ou redução de penalidades." "Art. 108. Na ausência de disposição expressa, a autoridade competente para aplicar a legislação tributária utilizará, sucessivamente, na ordem indicada: I - a analogia; [...] §1º.- o emprego da analogia **não poderá** resultar na exigência de tributo não previsto em **lei.**"

A *norma* descreve, enfim, o *fato gerador* que é o propulsor de uma *relação jurídica obrigacional.*

Tais características da *norma jurídica* impõem aos investigadores, que trabalham a *metalinguagem*, a utilização de um *método científico* que consiste, especialmente, em uma *linguagem técnica*, ou seja, uma linguagem cujos signos têm conteúdo *semântico* restrito ao campo do conhecimento em que esses signos são necessários à comunicação entre as pessoas que a falam.

Esse *método*, pois, resulta na *"técnica da tipicidade"* a que ALBERTO XAVIER[29] atribui o devido valor considerando-a como "a mais adequada à plena compreensão do próprio conteúdo de reserva absoluta e, portanto, dos limites que a lei impõe à vontade dos órgãos de aplicação do direito em matéria tributária. É precisamente pela análise da origem normativa dos tipos, do objeto da tipificação e dos caracteres da tipologia tributária que resulta com nitidez o alcance da regra *nullum tributum sine lege* e que se poderá traçar com rigor o âmbito das matérias que, pelo princípio da legalidade, estão reservadas à lei e as que, eventualmente, estejam confiadas à vontade dos seus órgãos de aplicação".

A *hipótese do fato gerador* da obrigação tributária é uma *norma jurídica* que, veiculando os elementos que descrevem o fato tributável, fornece o *tipo* tributário e necessita ser *dissecada* para que, conhecido na intimidade, cada qual desses elementos, possa o aplicador da norma - que é, também, seu intérprete – conferir a *figura do tipo* (*"facti specie"*) com o fato-tipo ocorrido na relação social.

Esses elementos, que são colhidos desde a norma constitucional de outorga de *competência*, têm sido indicados, entre nós, em número de quatro: *subjetivo, espacial, objetivo e temporal.*

---

29. - cf. *Os princípios da legalidade e da tipicidade da tributação.* São Paulo: Ed. Revista dos Tribunais, 1978, p. 70.

O *elemento subjetivo* corresponde à parte da *hipótese* do *fato gerador* que descreve as pessoas envolvidas com o *fato* por ele debuxado. Nele são identificados o titular do *direito subjetivo*, das *prerrogativas*, dos *poderes* e, até, dos *ônus* (sujeito ativo), bem assim aquele que deve satisfazer a prestação, isto é, cumprir o *dever jurídico* ou ficar em *sujeição* (sujeito passivo).

O *elemento espacial* é expresso, na *hipótese* do fato gerador, pelo esboço da área, na qual o acontecimento previsto deverá desenrolar-se, com o condão de provocar as consequências prenunciadas na norma. Aqui se delimita o espaço físico ou o virtual dentro do qual a norma tem aplicabilidade.

O *elemento objetivo* é a parte mais saliente da *hipótese* do fato gerador porque identifica o objeto, a matéria tributável, bem assim, fornece a natureza jurídica de cada tributo, servindo, como já acentuaram GIANNINI e BECKER,[30] para diferenciar um tributo do outro, constituindo-se, assim, no *núcleo* da *hipótese* do *fato*, a ponto de ser decisivo para a distinção das diferentes espécies tributárias (imposto, taxa e contribuição de melhoria) porque dá o *tipo* jurídico de cada qual.

Esse elemento consiste na própria *materialidade* da *hipótese* do *fato*: se, em geral, ela corresponde a um fato jurídico "*lato sensu*" estará caracterizando um *imposto*; se, especificamente, a um ato jurídico expresso por uma ação estatal, uma *taxa* ou uma *contribuição*.

Mas, a relevância desse elemento, ainda, encontra-se na circunstância de que nele a *norma* oferece a *mensuração* do objeto tributável, o *dimensionamento* da parte de um todo, ou até o desse todo integral, que será tributada (*base*

---

30. - cf., respectivamente, Giannini, A. D. *Istituzioni di diritto tributario*, 4ª ed. Milano: Dott A Giuffre Editore, 1972. ps.94-5 e Becker, Alfredo Augusto. *Teoria geral do direito tributário*, São Paulo: Saraiva, 1963, p. 298.

de cálculo) e que, uma vez submetida a um índice matemático (*alíquota*), dá o *quanto* de tributo a pagar ou, em termos mais precisos, dá o valor do *crédito tributário*.

O *elemento temporal* representa o momento em que se realiza, totalmente, o *fato*. É o instante em que se completa, dentro das integrais circunstâncias em que foi normativamente desenhado, o acontecimento social.

A fixação desse termo é do maior relevo, uma vez que, correspondendo, seja a uma data, seja a um período de tempo em que se forma toda a *materialidade* da *hipótese*, ele é que marca o nascimento da obrigação, isto é, do vínculo entre sujeito *ativo* e *passivo* na linha do cumprimento da *prestação*.

Ele marca, pois, qual a *norma* da legislação tributária que é a aplicável.

Por isso, o art. 106 do Código Tributário Nacional *veda a aplicação retroativa* da *norma* tributária, porque, somente, autoriza que incida sobre ato ou fato pretérito se for para beneficiar.

Marca, por fim, o termo inicial da contagem do prazo *decadencial* e, repita-se, é pressuposto da contagem do prazo *prescricional*.

Dissecando, portanto, a *hipótese* normativa do *fato gerador*, para encontrar esses elementos, a fim de verificar se eles revestem um determinado acontecimento social, o intérprete estará aplicando a *norma* e, afinal, identificando o *crédito tributário* existente, ou o tornando *exigível* ou, nos termos do Código Tributário Nacional, estará *constituindo* o *crédito* pelo *lançamento*.

Logo, é inevitável a análise dessa *hipótese*, relativamente a cada tributo e de referência a cada *fato* a que se queira atribuir a qualidade de *gerador* de uma obrigação de pagar uma *prestação* pecuniária a título tributário.

O *fato gerador*, descrito por essa *norma* legal, que é a sua *hipótese*, pode revestir qualquer dos acontecimentos (*natural* ou volitivo) e faz nascer a obrigação tributária, desempenhando tal função ao lado da lei, porque esta lhe atribui o efeito de criar, modificar ou extinguir direitos, refletindo nos dois outros elementos da relação: o *subjetivo* e o *objetivo*.

O *lançamento*, como foi dito antes, dá origem à relação jurídica procedimental porque, a partir dele, torna-se líquido e certo o *objeto* da relação jurídica tributária, ou seja, a *prestação*.

Ambos, *fato gerador* e *lançamento* relacionam-se, por isso, com o *crédito tributário* e, tão diretamente, que provocam as conhecidas confusões quanto à função que exercem, de referência a esse *crédito*, por exemplo: ser o *lançamento* fonte do crédito; ter o *lançamento* natureza de ato constitutivo ou de ato declaratório; ter o *lançamento* a natureza do exercício de um *direito potestativo*; ter o procedimento do *lançamento* natureza *jurisdicional*.

Este relacionamento entre os três permite reiterar[31] que o *crédito tributário* é o núcleo do direito tributário, por isso, em torno dele giram os demais elementos desse ramo da ciência jurídica.

Essa afirmativa é explicada pela natureza *obrigacional* do direito tributário, a qual decorre do seu objeto[32] que é, sempre, uma *prestação*.

Efetivamente, as *situações jurídicas* que configuram aspectos da relação jurídica tributária envolvem um *vínculo jurídico* pelo qual uma pessoa assume o *dever*, para com outra, de *dar*-lhe *coisa* ou de *prestar*-lhe *fato*.

---

31. - cf. Brito, Edvaldo - *"A teoria do crédito tributário no direito brasileiro"*. In. Revereor. São Paulo: Saraiva, 1981.

32. - cf. Brito, Edvaldo – *A teoria do Crédito*, cit.p. 341.

Dir-se-ia que, como nas demais *situações jurídicas* que se especificam numa relação jurídica *obrigacional*, também, na tributária, a posição do sujeito *ativo* geraria, para este, apenas, o direito subjetivo de exigir a *prestação*, isto é, o direito de crédito; bem assim, o de submeter ao seu domínio, por via de execução forçada, o patrimônio do sujeito *passivo*, ocorrido inadimplemento (*obligatio*).[33]

Tal, porém, não é a realidade dessa *situação*, a ponto de alguns autores sustentarem que ela se especifica não em uma *relação jurídica*, mas, em uma relação de poder ou de força: uma relação entre um *poder superior* e uns sujeitos submetidos a esse poder.[34]

Impossível sustentar essa teoria, a partir de quando se aceita a noção de *direito subjetivo* [35] como um dos elementos da relação, sem que se deva ou se possa reduzi-lo à categoria única de um *direito potestativo*; ou a partir de quando se aceita a teoria que lhe é adversa, a do *Estado de Direito*.

Portanto, a relação jurídica tributária, embora complexa, é uma mera relação obrigacional. Apenas, gravitam em seu redor outras relações, completamente, distintas, mas, que dela se originam.

---

33. - cf. Gomes, Orlando. *Obrigações*. 19ªed. atualizador Edvaldo Brito. Rio de Janeiro: Forense, 2019. ps.19 e segs. e Larenz, Karl. *Derecho de obligaciones*, tomo I, versión española y notas de Jaime Santos Briz. Madrid: Editorial revista de Derecho Privado. 1958. ps. 31 e segs.

34. - cf. Jarach, Dino - *Curso superior de derecho tributario* Buenos Aires: Liceo Profesional Cima, 1969, citando Ottmar Bühler como o autor alemão que se sobressai entre os que sustentam a teoria e Mayer, Otto – *Le Droit administratif allemand*, tome deuxième, Paris: V. Girard & E. Briere, Libraires Editeurs, 1904, v2, p.252. Por exemplo: *L'ordre de finance (finanzbefehl)* est la déclaration de volonté, émise en vertu d'un rapport de subordination, pour determiner d'autorité la conduite du subordonné. *L'ordre de finance*, impose, ao profit des revenus de l'Etat, des obligations d'obeir, obligations de faire, de ne pas faire, de suouffir..

35. - cf. – Villey, Michel - *Leçons d'histoire de la philosophie du droit* - nouvelle édition, Paris : Dalloz, 1962, ps. 167 e segs. e *Philosophie du droit* I. Définitions et fins du droit, 4ª ed. Paris : Dalloz, ps.134 e segs.

É essa complexidade que, gerando a confusão nos autores antes mencionados, deve ser examinada a ponto de ser identificada como *situação jurídica típica*, entendida essa expressão como um complexo de direitos e de deveres, de prerrogativas e de ônus, os quais se criam em torno de um fato, ou de um estado, ou de um ato, que engendre efeitos jurídicos.[36]

1.2.2 O elemento subjetivo e as prerrogativas do sujeito ativo

Essa *situação* é *típica*, porque a relação jurídica tributária, em que ela se especifica, irradia *prerrogativas jurídicas*, a partir da posição do sujeito *ativo*, alcançando, assim, para além de um simples *direito subjetivo*, tornando essa posição algo *privilegiada*.

Não se queira entender, contudo, que é o *crédito tributário*, em si mesmo, que confere essa posição *privilegiada*; ele é o cerne do direito tributário e, sendo assim, é dele que partem todos os outros objetos desse direito. Quem o confere é a ordem jurídica, plasmada pelo *Estado Potestade*.

O *crédito tributário*, enquanto um *crédito*, é, por natureza, *"direito subjetivo"* do sujeito ativo da obrigação tributária; mas, considerando a sua preeminência funcional desse sujeito ativo, na relação, esse seu *crédito* faz surgirem, além da simples *pretensão* à ação ou à omissão do sujeito passivo, também, *situações* de verdadeiro *poderio* que decorre do direito de supremacia próprio da capacidade especial do Estado definida por SANTI ROMANO,[37] como a capacidade jurídica ou, também, natural e de fato que pode corresponder a um *dever*, como aquele que o Estado tem de render justiça.

---

36. - cf. Roubier, Paul. *Droits subjectifs et situations juridiques*, Paris: Dalloz. p. 138.

37. - *Principii di diritto amministrativo italiano*, Milano. Società Editrice Libraria. 1901, p. 36.

Um *poder-dever*.

Adiante, retoma-se o tema, quando do exame, em termos específicos, da *relação jurídica fiscal*, momento em que se invocarão, também, as lições de VITTORIO EMANUELE ORLANDO.

O exposto conduz a que se considerem situações nas quais existem *deveres* a cargo do Estado-Administração que são concomitantes com o seu *poder* exclusivo, gerando essa figura híbrida conhecida sob a denominação de *poder-dever* que não é *direito subjetivo*, como já advertido com arrimo no magistério de ORLANDO GOMES,[38] porque não se desenvolve em uma relação jurídica com *direitos* e *deveres* correlatos, embora se possa aproximar do *direito subjetivo*, mas, a ele não se reduz, considerando ser o *poder* de manifestação subjetiva correspondente a uma pura *faculdade* classificável numa categoria à parte à qual se atribui a tutela de interesses coletivos e foi chamada, por TRABUCCHI,[39] de *munus*.

Conclua-se que há *poder-dever* quando o seu titular exerce o *poder* sobre outrem, para, com esta prerrogativa, cumprir um *dever* para com esse mesmo outrem.

Logo, se o *poder-dever* é dos funcionários que integram o procedimento de *lançamento* — e não do próprio Estado — esses funcionários têm *poder-dever*, porque o *poder* decorre de exercerem as atividades em nome do Estado e o *dever*, também, existe em face do Estado e não do sujeito passivo, o contribuinte.[40]

Com essa capacidade especial, surgida da situação antes descrita, o Estado-Administração tem prerrogativas

---

38. - cf. *Introdução ao direito civil* 22ª ed. Coordenador e atualizador Edvaldo Brito; atualizadora Reginalda Paranhos de Brito. Rio de Janeiro: Forense, 2019. p. 81.

39. - cf. Trabucchi, Alberto. *Istituzioni di diritto civile*. 5ª ed. Padova: CEDAM, 1966, p. 50.

40. - cf. a análise crítica de Carvalho, Paulo de Barros. *Curso de direito tributário*. 17ª ed. São Paulo: Saraiva. 2005, p.377.

conferidas pelo direito constitucional tributário, dentro da natureza *obrigacional* da relação jurídica tributária, de atuar sobre a esfera jurídica do administrado, assumindo este a posição de sujeito passivo da obrigação ou, em algumas circunstâncias, a posição de destinatário dos efeitos do exercício de um *direito potestativo*.

O exemplo desse *poder-dever*, no campo tributário, é o do procedimento administrativo mediante o qual o crédito tributário *existente* torna-se *exigível* e/ou *exequível*, nos termos que se exporá, adiante.

Logo, também, aqui, reafirme-se a qualidade nuclear do *crédito tributário* pelo fato de ele motivar toda a temática do *direito tributário* e do *direito fiscal*.

A *situação* que se descreve é *típica*, enfim, porque o sujeito ativo, enquanto *Estado Potestade*, cria o regime jurídico da futura relação, a qual ele irá integrar, como *Estado Administração*, sendo defeso confundir as duas posições, até porque, nessa última, a do *Estado Administração*, ele se submete aos critérios elaborados quando a sua posição era a de *Potestade*.

Mesmo submetido a esses critérios, o Estado exerce prerrogativas que se inserem num regime jurídico próprio — o do direito público — derrogatório do direito comum, como é exemplo o critério da *liquidação da obrigação*, que é feita pelo próprio *Estado Administração* — sujeito ativo da obrigação — quando, entre os particulares, não é possível acontecer assim.

A *liquidação da obrigação*, nas relações entre particulares, é feita, somente, pelo juiz e em dois casos: ou nas *obrigações delituais*,[41] na qual há, sempre, as circunstâncias que conduzem à incerteza do valor da *prestação*, ou no inadimplemento da *prestação*, em qualquer obrigação,

41. São obrigações provenientes de atos ilícitos cujo conteúdo é o *dever de indenizar*.

porque, em regra, discutem-se os valores dos consectários (juros, multa, correção monetária, etc.).

1.2.3 O elemento objetivo: as peculiaridades e as fases do crédito tributário

Essas prerrogativas do sujeito *ativo* da obrigação tributária resultam nas peculiaridades do *direito subjetivo de crédito*, que se vem anunciando possuir e as quais melhor evidenciar-se-ão com o exame das suas fases, a seguir nominadas:

a) - crédito tributário existente

b) - crédito tributário exigível

c) - crédito tributário exequível

Crédito Tributário Existente

O *crédito tributário* é *existente* quando se configura, na realidade social, uma situação que foi descrita, em abstrato, por uma *norma* legal de *competência* tributária.

Essa *norma*, considerada no seu arranjo lógico, diz BETTI,[42] consta de uma previsão e de uma disposição correspondente, porque prevê, em abstrato e em geral, *hipóteses de fato,* classificadas por tipos e, ao mesmo tempo, orientadas segundo as diretivas de uma valoração jurídica.

Hipóteses que, em terminologia técnica, são denominadas *facti species.*

Essa *facti species* ou *figura do fato* ou *pressuposto do fato* ou *hipótese do fato* terá de ser realizada no mundo dos acontecimentos sociais por intermédio de uma *situação*, estritamente, igual àquela que ela descreve, sem tirar nem botar.

---

42. - Betti, Emílio. - *Teoria geral do negócio jurídico,* tomo 1, Trad. de Fernando de Miranda. Coimbra: Coimbra Editora Ltda, 1969, p. 17.

Essa circunstância determina, para o fim de identificação do *fato* figurado pela *norma*, que esta seja dissecada de modo a separarem-se todos os seus elementos ou partes constitutivas no sentido de verificar se correspondem ao modelo que a figura normativa pretende ser.

É que, acontecido o fato, há um procedimento para verificar se nele estão todas as partes definidas, em abstrato, pela *norma* como componentes da *figura*, desde quando com essa ocorrência surgem, também, os efeitos jurídicos relacionados com os *direitos subjetivos* e *deveres jurídicos*, com *prerrogativas* e *ônus*, com *poderes* jurídicos e *sujeição*.

Ocorrido, enfim, o *fato*, com todos os componentes da figura normativa, *nasce*, efetivamente, *o crédito tributário* que passa a ser *existente*.

Observe-se, desde aqui, que, embora o *crédito* integre a estrutura da *obrigação* tributária, quando esta é concebida, ao ser editada a *norma* legal, ambos, somente, *nascem* com a ocorrência do *fato*.

Este *fato* é, assim, também, o episódio que faz *nascer*, ao mesmo tempo, a obrigação concebida na lei.

Por isso, dois aspectos impõem-se à análise:

Primeiro o de que a obrigação tributária, como qualquer outra obrigação jurídica,[43] sob o aspecto estrutural, tem duas *fontes*: a *imediata* que é a lei, pois esta se encontra na origem de todas as obrigações, como sua *causa eficiente* e a *mediata* que é o fato a que a lei atribui efeitos (fato jurídico) e que é, assim, a *condição determinante* do nascimento

---

43. - cf. Gomes, Orlando, *Obrigações*, ps. 34 e segs.; Fanucchi, Fábio, *Curso de direito tributário. 3 ed.* v. I. São Paulo: Resenha Tributária, 1975. p. 217; Brito, Edvaldo, *Problemas jurídicos do ICM*, ps.24 e segs.; Alcides Jorge Costa. *Da extinção das obrigações tributárias.* São Paulo: Resenha Tributária, 1991. p.27; Barbero, Domenico. *Sistema istituzionale del diritto privato italiano.* t.2, 3ª ed. Unione Tipografico – Editrice Torinese. p.247 e segs. Betti, *ob. cit.* p. 23.

da obrigação. Logo, todas as obrigações são *"ex-lege"* e não somente a tributária.[44]

O Código Tributário Nacional, com acerto, não só estabelece que as *fontes* da *obrigação* são as mesmas do *crédito* (art. 114, 116, 117 e 139), como, também, que, cada qual deles, tem criação e extinção diversas (arts. 140 a 193).

Por isso, a *norma* legal (*hipótese do fato gerador*) que descreve o *fato gerador* e o próprio *fato gerador* (*acontecimento natural* ou *volitivo*) são *fontes*, respectivamente, *imediata* e *mediata*, tanto da *obrigação*, quanto do *crédito*.

Importa, dessa forma, o estudo de cada uma dessas situações, em separado, tomando por referência o direito positivo brasileiro.

ORLANDO GOMES[45] explica, magistralmente, essa situação, ao afirmar que, conquanto a *relação obrigacional* vise à satisfação do interesse do credor, sua *extinção* não implica, necessariamente, a do *crédito*, porque um crédito pode sobreviver à *obrigação,* entendida esta no sentido de *vínculo jurídico* entre dois sujeitos. E exemplifica, com VON TUHR, que, extinta uma relação de trabalho, subsiste o crédito de salário não pago durante sua vigência.

Diga-se, de agora, que as *fontes* são únicas porque, como acentua PAULO DE BARROS CARVALHO[46] o *crédito* é entidade que integra a estrutura interior da relação jurídica *obrigacional* e assim o é porque o *crédito* é elemento da *obrigação*.

---

44. - cf. Art.5°, II da Constituição da República Federativa do Brasil, a norma fonte de direito fundamental da pessoa: "ninguém será *obrigado* a fazer ou deixar de fazer alguma coisa senão em virtude de *lei*".

45. - cf. *Obrigações.* 19ª ed., atualizador Edvaldo Brito. Rio de Janeiro: Forense, 2019, p. 18.

46. - cf. *Decadência e prescrição,* in. Caderno de Pesquisas Tributárias, 2(1):69. Coordenador Ives Gandra da Silva Martins. São Paulo: Coedição do Centro de Estudos de Extensão Universitária e Editora Resenha Tributária. 1976, p. 78.

Essa, aliás, é uma das mais importantes conquistas científicas do Código Tributário Nacional: a distinção entre *obrigação tributária* e *crédito tributário.*[47]

Efetivamente, o *crédito* integra a *obrigação*, como sua parte, mas, uma vez surgido ínsito nela, ele passa a gerar uma situação jurídica que se especifica em outras relações jurídicas, tal qual a lição de BETTI[48] sobre a ocorrência de uma situação *preexistente* (inicial) que é transformada numa situação nova (final) por um fato dotado, pela *norma*, de certos requisitos e pressupostos.

Segundo aspecto, que se impõe à análise e que já foi objeto de apreciação, é o de que *obrigação* e *crédito*, embora nasçam juntos, a partir desse nascimento separam-se e, então, inicia-se a *relação jurídica fiscal* ou *procedimental*, passando o *crédito* de *existente* a *exigível*, como se apreciará adiante.

Retome-se, aqui, a ideia de que, ocorrido o fato, a *norma* que o descreve tem de ser dissecada em suas partes, a fim de que se identifiquem nele os elementos por ela descritos e que são – como examinado, antes – em número de quatro: *subjetivo, espacial, objetivo* e *temporal.*

Crédito Tributário Exigível

Retome-se, também, a ideia de que o *crédito tributário* é *exigível* quando a Administração tributária procede ao *lançamento.*

Lembre-se, pois, que, aqui, surge uma outra *relação jurídica*, a *fiscal* ou *procedimental*, que decorre da *relação jurídica tributária.*

---

47. - Xavier, Alberto. *Do lançamento no direito tributário brasileiro*, São Paulo: Editora Resenha Tributária. 1977. p. 299; Martins, Ives Gandra da Silva. *Decadência e prescrição*, Caderno de Pesquisas Tributárias, 1(1):187 e segs. Coordenador Ives Gandra da Silva Martins. São Paulo: Coedição do Centro de Estudos de Extensão Universitária e Editora Resenha Tributária. 1976.

48. - *ob. cit.* p. 20.

Posto isto, deve-se, agora, lembrar que o Código Tributário Nacional disciplina essa *relação jurídica fiscal* ou *procedimental* com a denominação de "*constituição do crédito tributário*" (arts. 142 a 150), estabelecendo que esse *procedimento* se chama *lançamento* e ensejando que se especule sobre a *natureza* deste e sobre a possibilidade de existir uma *constituição provisória*, precedente de uma outra, a *definitiva*, como se explicará adiante.

Crédito Tributário Exequível

O *crédito* é *exequível* quando, já sendo *exigível*, o sujeito passivo não satisfaz essa sua *prestação* e o sujeito ativo, que já promoveu a *liquidação da obrigação*, durante o *procedimento* de *lançamento*, promove, agora, a última fase pela qual passa o *crédito*, no âmbito de sua atuação como agente estatal, é a fase administrativa da sua inscrição como *dívida ativa*.

É nesta última fase que aflora a *pretensão*, nascida com o *vínculo*, mas, que permanecia *latente* e, por via de consequência, a *garantia* surge com ela e, apesar de suas conotações processualísticas, há quem inclua, esta, como um dos elementos necessários a que a *relação jurídica obrigacional* tenha existência.

O surgimento da *pretensão* é o termo inicial da contagem do prazo *prescricional*, considerando que o prazo de *decadência* se consuma com o exercício do *direito potestativo*, modificativo de uma relação jurídica anterior.

Esta fase representa detalhe importante para a caracterização da *decadência* e para auxiliar o entendimento quanto ao termo inicial da contagem do prazo *prescricional* no Código Tributário Nacional, considerando-se que a constituição definitiva do crédito tributário ocorrida com o último ato do procedimento de *lançamento*, é o pressuposto para o início da contagem desse prazo.

O prazo *prescricional*, somente, tem início com a ofensa a um direito já *constituído* pelo seu titular; portanto, se inexiste esta ofensa, não há que se falar em propositura de ação judicial e, muito menos, em contagem de prazo de prescrição de *pretensão*. É o nascimento da *actio nata*.[49]

O Supremo Tribunal Federal decidiu em termos semelhantes a este entendimento.[50]

ZELMO DENARI [51] tem doutrinado de modo singular uma tese respeitável. Explica o ilustre professor que a *definitividade,* a que alude o art.174 do Código Tributário Nacional, ocorre com o ato de inscrição do crédito como dívida ativa, por isso que a *pretensão* dedutível em juízo é de *executar* e não de *acionar*, via ordinária. Portanto, inclui essa última fase do crédito no procedimento de sua constituição. Essa sua conclusão decorre de premissa, tão interessante quanto, segundo a qual o *lançamento* é "ato jurídico acionado, no mais das vezes, pela Administração, com vistas à constituição do *crédito tributário*". E continua esse autor: "a nosso aviso, são dados inconfundíveis: *a)* o

---

49. cf. p. 136.

50. - "Com efeito, o art. 174 do CTN diz respeito à prescrição da ação para a cobrança do crédito tributário, estabelecendo que o prazo prescricional de cinco anos corre a partir da constituição definitiva do referido crédito. Ora, tratando-se de, como se trata, neste artigo, prescrição, e esta só podendo fluir, por sua própria natureza, do momento em que é violado o direito subjetivo (que na espécie, é o direito do crédito tributário), tal violação somente poderá ocorrer se esse direito for exigível. Ora, consoante estabelece o art. 151, III, do CTN, as reclamações e os recursos, nos termos das leis reguladoras do processo tributário administrativo, suspendem a exigibilidade do crédito tributário'. Portanto, a constituição definitiva do crédito tributário, a que alude o art. 174 do mesmo Código, e que é a data inicial de fluência do prazo de prescrição ali mencionado, não ocorre com o mero lançamento, uma vez que, nesse instante, o crédito tributário, embora já existente, ainda não pode ser exigido do contribuinte para efeito de caracterizar-se, pelo não pagamento, de imediato, a violação, por este, do direito do crédito do Estado. Enquanto não fluir o prazo para recurso administrativo contra o lançamento, ou enquanto não seja decidido o recurso competente de que haja se valido o contribuinte, a satisfação do crédito tributário, não pode ser exigida dele, não se podendo, portanto, configurar a violação contra a qual se dirigirá a ação judicial do Estado, e a qual fixa o dies a quo do início do prazo de prescrição." (STF, 2ª Turma, RE. 89765 / SC, Voto do Ministro Relator Moreira Alves. Julgado 11.12.1978.

51. - cf. *Decadência e prescrição tributária:* breve ensaio aplicado ao ICM. Rio de Janeiro: Forense, 1984 ps.1, 2 e 20.

procedimento constitutivo do lançamento e *b)* o procedimento constitutivo do crédito tributário".

Esse seu pensamento passa pela afirmativa de que o termo inicial dessa *constituição* ou dessa formação do *crédito* é a *completitude do lançamento* e o termo final, ou seja, o momento em que o *crédito* está *definitivamente constituído* é o ato de inscrição na dívida.

Este trabalho, também, é elaborado na perspectiva da existência de um *crédito regularmente constituído* e de um *crédito definitivamente constituído.*

Enquanto parece que, para DENARI, o primeiro tipo ocorreria com o *ato* de lançamento e o segundo, com a inscrição na *dívida ativa*; aqui se entende que, não há *ato* de lançamento, mas, sim, um *procedimento* que se inicia com a atividade das autoridades competentes no sentido de *constituir definitivamente* o *crédito* e, portanto, cada *ato*, dessa *cadeia de atos* (*procedimento*), é praticado de forma integrada para a consecução desse objetivo, dentro do prazo assinado para a *constituição definitiva* do *crédito*, o qual, sendo de *decadência*, inexoravelmente, esgotar-se-á ao final do tempo previsto.

Assim, sustenta-se, neste estudo, que há *crédito DEVIDAMENTE* ou *REGULARMENTE constituído* e há *crédito DEFINITIVAMENTE constituído.*

O primeiro configura-se quando as autoridades administrativas tributárias, envolvidas na prática dos *atos* de sequência sem causarem qualquer defeito que, formalmente, os vicie, percorrem o *iter* legal descrito no art. 142 do Código Tributário Nacional.[52]

---

52. Art. 142. Compete privativamente à autoridade administrativa constituir o crédito tributário pelo lançamento, assim entendido o procedimento administrativo tendente a verificar a ocorrência do fato gerador da obrigação correspondente, determinar a matéria tributável, calcular o montante do tributo devido, identificar o sujeito passivo e, sendo caso, propor a aplicação da penalidade cabível.

O segundo, quando se encerra o tempo útil para qualquer das três providências estipuladas, no art. 145 desse Código, o *procedimento* torna-se inalterável.

Logo, o *crédito DEVIDAMENTE constituído* nem sempre o está em *DEFINITIVO*, vez que aquele traduz a *regularidade* da *constituição*, mediante a prática de *atos* de ofício por parte das autoridades competentes; este último, a *inalterabilidade* da *constituição* que ocorre quando não incide nenhuma das hipóteses do art. 145 do Código.[53]

Apesar da divergência, com o autor citado, vale o entendimento comum quanto a que existe um *procedimento* (*cadeia de atos*) para *constituir*, em *definitivo*, o *crédito*, o que se dá quando se pratica o último desses *atos*, na esfera administrativa, dando por *liquidada a obrigação* e, consequentemente, completado o *lançamento*, pois a lei dispõe: "[...] constituir o crédito pelo lançamento, assim entendido o procedimento administrativo tendente a verificar a ocorrência do fato gerador da obrigação correspondente, determinar a matéria tributável, calcular o montante do tributo devido, identificar o sujeito passivo [...]".

Nestes termos, está fora a *inscrição em dívida ativa*, porque este *ato* já se insere nos requisitos necessários à consecução da *garantia* da *relação jurídica obrigacional*, ou seja, o conjunto de medidas assecuratórias da execução coativa, forçada, do *crédito* promovidas perante o juiz.

E está fora, porque o *lançamento* é *condição* prévia para que se *inscreva* o *crédito* em *dívida ativa*. Sem o *lançamento* não pode haver essa *inscrição*, porque ela consiste em registar-se a quantia certa, *liquidada* pelo *procedimento* de *lançamento*.

---

53. Art.145. *o lançamento regularmente notificado ao sujeito passivo só pode ser alterado em virtude de:*
I - impugnação do sujeito passivo;
II - recurso de ofício;
III - iniciativa de ofício da autoridade administrativa, nos casos previstos no art. 149.

CAPÍTULO II

A RELAÇÃO JURÍDICA FISCAL

2.1 Noção de relação jurídica fiscal

A relação jurídica fiscal foi anunciada, neste trabalho, como uma situação de natureza procedimental, na fase oficiosa, consistindo no *exercício* de um *direito potestativo*.

A afirmativa tem fonte no direito positivo brasileiro que, como dito antes, faz distinção, quanto ao regime jurídico, entre a *obrigação tributária* e o *crédito tributário*.

O *crédito tributário* tem disciplina jurídica própria porque, uma vez nascido com a *obrigação*, passa a irradiar todas as situações jurídicas que se especificam nas diversas relações jurídicas que surgem, a partir da tributária "*stricto sensu*".

Por esta razão é que, *existente* o *crédito* com a ocorrência do *fato gerador*, se a Administração não promover o *lançamento*, enfim, não o *constituir*, esse *crédito* nunca será *exigível*, por ela.

O magistério de FABIO FANUCCHI[54] ensina, com toda razão, que "é absolutamente certa, no Brasil, a afirmação

---

54. - cf. *A decadência e a prescrição em direito tributário*, 3ª ed. São Paulo: Ed. Resenha Tributária, Instituto Brasileiro de Estudos Tributários - IBET, 1976, p. 32.

de que inexistem *tributos cobráveis independentemente de lançamento*".

Mesmo quando a lei permite ao sujeito passivo a apuração do valor da *prestação* e o seu recolhimento antecipado, o qual ele próprio atribua ao *crédito tributário*, essa operação é suscetível de conferência, posteriormente, pela Administração, a fim de que esta, expressamente, *homologue* essa atividade exercida pelo particular; esta *homologação* é o *ato* final da *atividade* que incumbe à Administração, pela via do *lançamento*, em que consiste essa modalidade de *liquidação da obrigação*.

A Administração tem, também, nessa hipótese, um prazo de cinco anos, sob pena de *decadência* para exercer o seu *direito potestativo*.

Logo, estão certas as palavras do pranteado tributarista, FANUCCHI, no sentido de que a Administração não pode *exigir* o *crédito* sem, antes, *constituí-lo*, isto é, sem promover a *técnica da tipicidade*, sem *dissecar* a *norma* legal que descreve a *figura do fato* para identificar nela o acontecimento a que se quer atribuir a qualidade de *fato gerador da obrigação*.

Reafirme-se com FANUCCHI: inexistem tributos *cobráveis*, ou seja *crédito tributário exigível*, sem que se *proceda* ao *lançamento*; sem que o sujeito ativo *liquide a obrigação*, sem que transforme o seu *crédito* em *líquido* e *certo*, ou seja, passando de *existente* a *exigível*, portanto, *determinado* quanto ao seu *objeto*. É a regra do art. 142 do Código Tributário Nacional.

É nesta linha de raciocínio que este estudo sustenta a tese de ser o *lançamento* uma "*condictio juris*"[55] para que o *crédito* se torne *exigível*.

55. - cf. p. 80.

Configura-se, pelo exposto, a *relação jurídica fiscal*, como uma atividade do sujeito ativo, *necessária* (*condictio juris*) à *exigibilidade* do *crédito tributário*, mediante a qual esse sujeito desempenha um *munus* (fase de *ofício*), exercendo um *direito potestativo*, submetido, por isso, apenas, aos princípios do *contraditório* e da *ampla defesa*, na fase em que se instaura o *contencioso*, acolhendo-se prerrogativas recíprocas dos sujeitos da relação, sob pena de apreciação do *procedimento*, pelo Poder Judiciário, considerando que, nesta matéria, não há "*privilège du préalable*",[56] tal como será demonstrado adiante.[57]

2.2 O elemento subjetivo e as prerrogativas dos sujeitos

A importância dessa *atividade* da Administração, *necessária* para que se tornem *cobráveis* os tributos ou para que legitime a *exigibilidade* dos tributos, e, por parte da própria Administração, que é o sujeito ativo da *relação jurídica tributária obrigacional*, tem conduzido a Doutrina ao exame da sua *natureza jurídica* e da sua *eficácia*, por intermédio dos mais divergentes caminhos que serão revelados adiante.

A perplexidade maior, de quantas levam a tantos caminhos, é a que faz o *lançamento* ter, efetivamente, a função de *liquidação da obrigação* porque, na relação obrigacional travada entre particulares, somente se conhece essa *liquidação*, se for realizada judicialmente e, apenas, em duas situações:

I - para a hipótese de *inexecução das prestações*;

II - para a hipótese da *aestimatio damni*, nas *prestações* de *obrigações* cuja fonte mediata é um *ato ilícito*.

---

56. - é um princípio jurídico do direito administrativo francês, pelo qual a Administração dispõe de uma prerrogativa de poder público, que lhe permite criar direito pelos seus próprios meios; portanto, poder unilateral e imediato de aplicação da lei sem ter de recorrer ao Poder Judiciário.

57. - cf. p. 55 e 103.

Então, como aceitar que o próprio credor tenha o poder de *liquidar* e, ainda assim, sem tratar-se de apuração do valor de um *dano* ou de uma *inexecução* de *prestação* de uma *obrigação real* ou de uma *obrigação contratual* ou, mesmo, de uma *obrigação delitual*, já, anteriormente, *liquidada*?

VITTORIO EMANUELE ORLANDO[58] tem resposta convincente, no seu antigo "*Principii di Diritto Amministrativo*", editado em 1892, pelo menos, para a origem desse privilégio: o Estado, em geral, para manifestar sua vontade, da mesma forma, para alcançar os fins para os quais foi criado, necessita de órgãos, no sentido de organização da administração da coisa pública.

Essa organização é uma das formas pelas quais o Estado alcança seus fins e, portanto, a Administração não é mais do que uma das formas especiais da organização do Estado.

Ora, esclarece ORLANDO: para cumprimento dos múltiplos fins que lhe competem, é necessário que a Administração dite normas abstratas e organize os chamados *serviços públicos*. Neste simples fato, a liberdade dos particulares não corre nenhum perigo e, verdadeiramente, esta é uma esfera em que um dos poderes do Estado, o Executivo, tem plena independência e autonomia.

Porém, quando essas normas abstratas encontram execução e cumprimento, pode acontecer que prejudiquem ao particular, lesando-lhe um direito ou um interesse. Supondo-se que o lesado pretenda queixar-se deste dano e pedir sua reparação, em relação a este fato, origina-se, primeiramente, a ideia de uma "*jurisdição*" administrativa.

Este critério, que distingue entre a ação administrativa e a *jurisdição*, considerando a primeira como o fato da execução da lei e a outra como o da aplicação da lei a casos

58. - cf. *Princípios de derecho administrativo*. Traducción de Alvaro Rodriguez Bereijo. Madrid: Instituto Nacional de Administracion Publica, 1978. ps.35, 227 e 228.

particulares, foi refutado pelo administrativista clássico italiano, porque lhe pareceu, sempre, imprópria a distinção se se quer, com ela, admitir que um mesmo poder do Estado tenha, ao mesmo tempo, a função de aplicar e declarar o direito. Há uma unidade de jurisdição, porque o seu exercício não poderá, nem deverá dividir-se e o poder do Estado a quem se deve incumbi-la é o judicial que tem uma figura própria e autônoma e que se distingue de qualquer outro poder pela forma de atividade.

Certo, por isso, é dizer que, nas diferentes atitudes em que pode ser considerado, o poder administrativo não modifica a sua natureza: os administradores usam o mesmo poder e a mesma iniciativa e sempre há pura administração exercida sob duas formas: coletiva ou individual. E acentua:

> certamente nenhum escritor afirmará, explicitamente, a heresia jurídica de um poder jurisdicional exercido pela administração em sua própria virtude, é este o equívoco em torno do qual giram mais ou menos os escritores que não quiseram de nenhuma maneira atenuar o direito da administração de resolver as questões das quais é parte.

Percebe-se, em razão dessa doutrina de ORLANDO que, há muito, constroem-se princípios que mitigam a superioridade que se pretendeu, em outra época, para a Administração em confronto com o administrado.

Esses princípios opõem-se ao descabido *privilégio* da Administração; dois deles não contemplados no regime jurídico do procedimento de *lançamento*:

I - o da *presunção de legitimidade*, que conduz ao "*privilège du préalable*" a que se reporta a doutrina francesa e que consiste em a Administração agir, em termos de execução, sem o prévio pronunciamento *jurisdicional*, ao contrário do particular que dele necessita;

II - o da *autoexecutoriedade*, um atributo da Administração, que lhe permite atuar na esfera do administrado, para exigir-lhe o cumprimento de deveres que lhe impõe, na linha da realização dos fins do Estado, sem que, para isto, necessite acionar o Poder Judiciário, considerando-se que se presumem, compatíveis com a ordem jurídica, os atos que a Administração pratica.

OTTO MAYER[59] fala da *soberania* que o Estado tem diante dos seus *súditos* (!) a qual é fonte do seu *direito de dominar e de ser obedecido*, por isso que, como correspondente, do lado dos *súditos*, estabelece-se a *obrigação geral de obedecer*, que se divide em várias outras especiais, dentre as quais a de *pagar os impostos*... Acrescente-se, para a devida reflexão, que esse seu texto é de 1903.

Consequentemente, não pode haver perplexidade pelo fato de, embora a *obrigação tributária* tenha a mesma *estrutura* de qualquer outra obrigação jurídica, *funcionalmente*, o seu sujeito ativo tem prerrogativas diferenciadas.

Diga-se, com ORLANDO, que a lesão de direito do administrado, apesar dessa diferença, não será tolerada e, por isso, o Estado de Direito assegura-lhe, também, prerrogativas, como a da *ampla defesa* e a do *contraditório*, a serem examinadas adiante.

2.2.1 As atribuições do sujeito ativo

Os sujeitos da *relação jurídica fiscal*, no Estado de Direito, recebem, obviamente, da lei, a disciplina das suas respectivas posições.

---

59. - cf. *Le Droit Administratif Allemand: partie générale*. Préface de H. Berthélemy. t. I. Paris: V. Giard & E. Brière Libraire Editeur, 1903. p. 134.

O sujeito ativo, tal como já se anunciou supra, considerando que o seu desempenho é, no particular, um *munus*, exerce, nestas circunstâncias uma *atividade vinculada*.

Pode-se, então, lembrar que a vontade do administrador é a vontade da lei, porque ele se move sempre sob o seu domínio.

Consagra-o o *princípio da legalidade* cujo corolário é o da finalidade normativa, impeditivo do *desvio de poder* e do *abuso de poder*.

Com efeito, a *atividade administrativa* subordina-se à lei, porque o *princípio da legalidade* surge como decorrência natural da indisponibilidade dessa atividade, por parte das respectivas autoridades, para as quais ela é *plenamente vinculada*.

Daí, a *presunção de legitimidade* que, por sua vez, decorre desse *princípio da legalidade* a que se subordinam os atos da Administração e toda forma de atuação governamental nos Estados de Direito, como é o brasileiro, fazendo com que – mesmo detectando vícios na prática de atos integrantes de uma *cadeia* (*procedimento*) – a autoridade administrativa subsequente pratique aquele que lhe compete, sem poder corrigir os anteriores... Somente a ordem judicial estanca a irregularidade.[60]

A Constituição da República Federativa não deixa dúvida quanto a essa compulsoriedade. Assim é que ela determina que a Administração se ponha em movimento pela lei e se exerça nos limites de suas disposições.

Adota a lição de FRITZ FLEINER,[61] ao arrolar os princípios do Direito Administrativo, capitaneados pelo da *legalidade*, no seu art. 37.

---

60. - cf. Meirelles, Hely Lopes. *Direito administrativo brasileiro* 6ª ed., São Paulo: Editora Revista dos Tribunais, 1978, ps.125 e segs.; Bandeira de Mello, Celso Antônio. *Elementos de direito administrativo*, 3ª ed., São Paulo: Malheiros Editores Ltda., 1992, p. 25.

61. - cf. *Instituciones de derecho administrativo*, trad. 8ª ed. alemã, por Sabino Gendin, Barcelona: Ed. Labor, 1933, ps.56 e 59.

Isto quer dizer que, mesmo quando o ato administrativo venha a ser praticado em desrespeito aos direitos do administrado, o fato de ele ter por base as disposições legais eivadas do vício de inconstitucionalidade, conduz as autoridades coatoras a praticarem-nos, *enquanto não forem dispensadas de fazê-lo por determinação jurisdicional.*

Contudo, após essa dispensa, torna-se injustificável a prática, sendo admissível que os órgãos administrativos sigam a jurisprudência iterativa, sobretudo, em matéria tributária porque a atuação, nesse campo, deve evitar o *excesso de exação*, capitulado como crime pelo § 1º do art. 316 do Código Penal, com a redação que lhe deu o art. 20 da Lei nº 8.137 de 27 de janeiro de 1990.

Obviamente, porém, os vícios que inquinam o ato que praticariam, na ausência de determinação jurisdicional dispensando-o, comunicam-se com os atos subsequentes a serem praticados por essas autoridades e os tornarão tão imprestáveis quanto aqueles que foram praticados, anteriormente.

O ato que praticariam, no caso da *relação jurídica*, sob exame, seria o de exigirem o *tributo* e a *contribuição*, a partir da apuração do valor, por entenderem devidos, em face desses possíveis viciados atos normativos de nível legal.

Nestes termos, o sujeito ativo exerce *competência* que, na síntese magistral de RUY CIRNE LIMA,[62] é a medida do poder que a ordem jurídica assina a uma pessoa determinada.

Por isso, a atribuição, assim conferida, não constitui direito subjetivo da pessoa administrativa; nem essa pessoa pode sujeitá-la a *termo* ou a *condição;* nem lhe é facultado renunciá-la.

A quem a ordem jurídica outorga *competência*, cumpre um *munus*; tem de estar sempre cuidando da sua medida,

62. - cf. *Princípios de direito administrativo,* ps.139 e segs.

sob pena de cometer *desvio de poder* ou, mesmo, *abuso de poder*, fugindo, então, da finalidade normativa. Mas, nem por isso deve incidir no *excesso de exação.*

Essa definição de LIMA fornece elementos similares àqueles referidos no jogo de lógica de ALF ROSS que caminha na distinção entre *potência* e *competência*, o que faz chegar ao seu "jogo de lógica" que alude à autorreferência, nos seus estudos que remontam a 1929:[63] uma fonte normativa é *potência* quando representa uma autoridade suprema cujas atribuições não derivam de nenhuma outra autoridade. Ao contrário, é *competência*, quando derivam.

Exatamente, é um "jogo de lógica" com o qual ROSS ajuda a entender a diferença entre *potência* e *competência*, ao explicar o sistema de emissão de normas jurídicas; nas obras e páginas citadas, ele explica que a *competência* para emitir normas não está, geralmente, limitada a uma única autoridade. Parte do direito, que é criado mediante leis, consiste em novas normas de *competência* que, por sua vez, constituem novas autoridades, também, *competentes* para estabelecer outras autoridades, surgindo, assim, um complexo sistema de autoridades de diversos níveis, obviamente, ocupando sempre o nível mais baixo aquela cuja *competência* está determinada por normas criadas pela última. Gozam do mesmo status, autoridades que têm suas *competências* criadas pela mesma autoridade superior.

Assim é uma característica fundamental de uma ordem jurídica a de que a maioria das regras que a constituem seja estabelecida mediante um *ato de criação*, quer dizer, mediante uma decisão humana, conforme outras regras jurídicas, chamadas *regras de competência.*

---

63. - cf. *Sobre el derecho y la justicia*. trad. Genaro R. Carrió. Buenos Aires, EUDEBA Editorial Universitária de Buenos Aires, 1963, ps. 78 e segs e *El concepto de validez y otros enasyos*. Buenos Aires". Centro Editorial de America Latina S.A. 1969. ps. 49 e segs.

Uma *regra de competência* prescreve as *condições* para que um *ato de criação* seja válido e, por isso, tenha força normativa.

Essas *condições* classificam-se em três tipos:

1º) condições que indicam a pessoa ou as pessoas qualificadas para realizar o *ato de criação*;

2º) aquelas que descrevem o procedimento de *criação*;

3º) as que limitam a matéria objeto da regra que há de ser *criada* por estas pessoas e segundo este procedimento.

Consequentemente, toda *regra de competência* (c) constitui uma autoridade (A), o que permite esquematizá-la, assim:

A1 é autoridade suprema do sistema

A1 cria C2 e, portanto, cria A2

A2 cria C3 e, portanto, cria A3

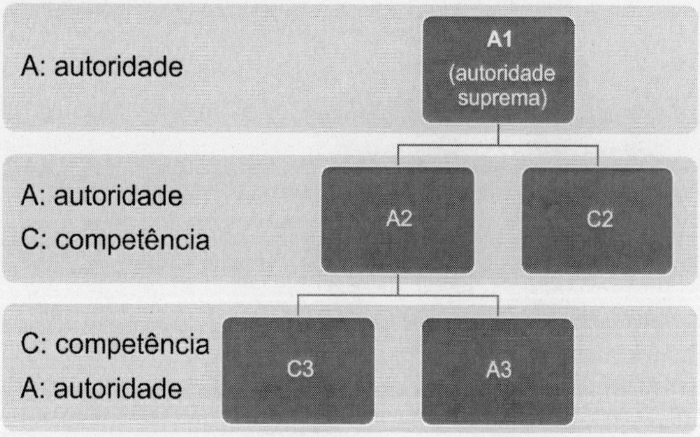

e, sucessivamente, vão-se constituindo as autoridades, ressalvando-se A1 que, sendo a autoridade suprema do sistema, teve origem em norma pressuposta que juridiciza o *fato fundamental* fonte das atribuições dessa autoridade.

Por isso, no plano da Lógica, é impossível que uma norma de *competência* determine as *condições* para a sua própria *criação* ou que uma proposição possa referir-se a si mesma.

As normas que constituem uma autoridade (no exemplo, A2 e A3) e sua *competência*, são, ao mesmo tempo, as que determinam o procedimento de como pode ser *reformado* o direito, criado pela autoridade criadora ou constituinte que, dessa forma, estabelece as condições para a validez das normas subordinadas.

É por isso que, na *relação jurídica fiscal*, o sujeito ativo pratica *atividade vinculada*, também, à ordem jurídica, como um todo, mesmo quando lhe incumbe *liquidar a obrigação.*

Neste particular da *liquidação*, o direito brasileiro distingue duas fases:

a) - a de *ofício* e

b) - a *contenciosa*

A *primeira* é, obviamente, privativa da Administração e consiste na apuração de todos os *elementos* componentes do seu *crédito*, buscando *constituí-lo*, conforme as operações descritas no art. 142 do Código Tributário Nacional, anteriormente, comentadas.

Nessa fase, correspondente ao exercício do *direito potestativo*, a Administração age, unilateralmente, na coleta dos ditos *elementos* e, no Estado Democrático de Direito, o exercício desse *direito*, desempenha uma *atividade* passível de impugnação, por parte do administrado, o qual, se a fizer, inicia a *segunda*, a *fase contenciosa*, em relação à qual, RUBENS GOMES DE SOUSA[64] lembra ser *voluntária*, porém, *vinculada*, porque lei nenhuma poderá afastá-la, eliminá-la

---

64. - cf. Idéias gerais para uma concepção unitária e orgânica do processo fiscal, In. *Justiça e processo fiscal,* Rio de Janeiro: Publicação nº 2 do Instituto Brasileiro de Direito Financeiro. 1954. ps.17 e segs.

ou negar ao administrado o *direito de impugnação* e, em tais circunstâncias, novamente, em um Estado Democrático de Direito, é dever da Administração dar conhecimento, ao administrado, dos fundamentos de suas decisões.[65]

Importante é reiterar o que se disse linhas atrás: se houver a fase *contenciosa*, o *procedimento* de *lançamento* continua em aberto e o último *ato*, da *cadeia de atos* que o compõem, deve ser praticado *dentro* no prazo estipulado para ocorrer a *decadência* do direito de *constituir o crédito*, sob pena de esse direito extinguir-se.

Esta é a consequência de a lei brasileira atinar para um *crédito tributário devidamente constituído* e um outro *definitivamente constituído.*

E, se, somente, pode-se *constituir o crédito* pelo *lançamento,* este não poderá existir, senão quando a *cadeia de atos* completar-se *definitivamente.*

Esse sistema adotado pelo Código Tributário Nacional não admite *constituição provisória* do *crédito*, porque não há *lançamento* temporário ou transitório: ou as autoridades competentes percorrem o caminho legal e individualiza a relação de *crédito* ou, não o fazendo, não configura *lançamento*, por isso a nota de *definitividade* não é tomada em oposição à existência de uma possível *provisoriedade* do *lançamento*, mas, sim, no sentido da existência de uma *constituição devidamente* realizada, passível de revisão.

Essa *definitividade* tem o sentido de identificar o *lançamento inalterável* porque em fase de impossibilidade de ocorrência das três hipóteses do art. 145 do Código.

É, pois, na fase *contenciosa* que se tem de incluir, também, a manifestação dos órgãos administrativos colegiados que, porventura, forem chamados a integrar o

---

65. - cf. voto-vista do min. Joaquim Barbosa no RE 388.359-3, PE, rel. min. Marco Aurélio e ADIN nº1.976-7, DF, rel. min. Joaquim Barbosa.

procedimento de *lançamento*, a fim de aperfeiçoar, em grau de recurso, os *atos*, anteriormente, praticados.

Essa fase, lembre-se, por necessário, inicia-se com a impugnação feita aos *atos* praticados *oficiosamente*, no dito *procedimento*.

Essa impugnação, em alguns casos, faz-se perante uma primeira instância, de que esses órgãos colegiados são instâncias recursais.

É assim na Administração Tributária Federal, como esclarece, com perfeição, DEJALMA DE CAMPOS.[66] Mas, há administrações estaduais e municipais que adotam uma única instância, a colegiada que, também, é recursal. São exemplos o Estado da Bahia e o Município de sua Capital, o da Cidade de Salvador.

Nessa *competência recursal*, é defeso a *reformatio in pejus*, mas, não o é a apreciação de matéria não decidida pelo estágio anterior, por causa do *efeito devolutivo* que informa esse procedimento, quando, obviamente, a modificação seja vantajosa (*reformatio in melius*).

Há muito tempo vem-se questionando se, na *competência* desses órgãos, inclui-se a atribuição de *conhecer de argumentos de inconstitucionalidade e/ou ilegalidade de atos em que se fundamentem autuações*.

O problema, sobretudo, tem aflorado porque muitos dos órgãos dessa natureza têm decidido que não podem conhecer, nem julgar, sobre esses *argumentos* por não praticarem atos *jurisdicionais*, porque estes seriam exclusivos do Poder Judiciário e, somente, esse poder teria atribuição para conhecer e julgar esses *argumentos*.

Essas decisões são equivocadas, porque ao órgão administrativo, integrado no *procedimento* de *lançamento*,

66. - cf. *Direito processual tributário*, São Paulo: Atlas, 1993, ps.58 e segs.

cumpre observar a ordem jurídica pelos seus atos válidos e, ao fazê-lo, não estão decidindo sobre inconstitucionalidade ou sobre ilegalidade, mas, sim, aplicando *norma* válida e desprezando a viciada.

A *declaração* de inconstitucionalidade de ato normativo subalterno — especialmente, o de natureza legal — ofensivo da Constituição é privativa do Poder Judiciário; mas, o *controle* de constitucionalidade pode ser efetivado por qualquer agente público, incumbido de aplicar a norma infraconstitucional, selecionando aquela que já esteja declarada conforme a Constituição e desprezando a que lhe contrarie, porque o objetivo é a proteção dos *direitos fundamentais*. Afinal, todos os servidores públicos juram, ao serem empossados nos seus cargos de qualquer hierarquia, manter, defender e cumprir a Constituição; observar as leis.

O *procedimento* de *lançamento* completo pressupõe esse *controle*.

Essa discussão, que vem de longe, ainda não se pacificou.

Linhas atrás, este trabalho invocou ORLANDO, mas, não custa lembrar que RUBENS GOMES DE SOUSA, na sua obra, anteriormente, citada é enfático ao dizer que o pronunciamento administrativo, em face da contestação do contribuinte, é um *ato de autoridade e não um ato jurisdicional*; por isso, GILBERTO DE ULHOA CANTO,[67] propõe a criação de órgãos de *jurisdição* administrativa singulares e colegiados dotados de caracteres próprios da competência para a prática de atos dessa natureza.

Essa discussão, também, não é estranha a BIELSA, PASQUALE RUSSO, ENRICO ALLORIO, INNOCENZO MILITERNI, ANTONIO VELLA, TOMMASO TOMASICCHIO, PHILIPPE BERN, ALEJANDRO RAMIREZ CARDONA,

---

67. - cf. *O processo tributário* (anteprojeto de lei orgânica, de sua elaboração). Rio de Janeiro: Fundação Getúlio Vargas. 1954.

A.A. CONTREIRAS DE CARVALHO, dentre muitíssimos outros, tão ilustres quanto, até chegar a RUBÉN SPILA GARCÍA[68] que afirma serem de natureza jurisdicionais os atos emitidos pelos tribunais fiscais administrativos, por força de terem, na Argentina, características típicas daquelas que têm os órgãos do Poder Judiciário. VALDIR DE OLIVEIRA ROCHA[69] desloca a discussão para o campo da apreciação do pedido do administrado, baseado em *argumento* de inconstitucionalidade ou ilegalidade, afirmando: "o órgão decididor administrativo singular pode e deve — conclui-se — conhecer de defesa baseada em inconstitucionalidade e dela decidir; o órgão decididor colegiado administrativo confirmará ou não a declaração de inconstitucionalidade posta em decisão de órgão decididor administrativo singular".

DEJALMA DE CAMPOS[70] põe-se na mesma linha. Referindo-se, então, ao Conselho de Contribuintes do Ministério da Fazenda diz que esse órgão foi encarregado de exercer o *controle de legalidade* dos atos administrativos de natureza tributária, contestados pelo contribuinte, portanto, há de competir-lhe decidir a respeito da conformidade ou não de tais atos com as disposições constitucionais e legais que regem a tributação. Prossegue:

> se o ato administrativo examinado afrontar dispositivo constitucional ou legal vigente, o Conselho de Contribuintes não somente pode, como deve, anular esse ato a pretexto de sua inconstitucionalidade ou de sua ilegalidade e assim procedendo, não estará declarando a inconstitucionalidade de lei, mas sim exercendo a faculdade que a doutrina do Supremo Tribunal Federal reconheceu à administração pública em geral, de anular ou revogar os próprios atos quando eivados de tais defeitos.

68. - *Principios de derecho procesal tributario.* Buenos Aires: Depalma. 1978. ps.31 e segs.

69. - O novo processo administrativo tributário, São Paulo: *IOB – Informações Objetivas.* 1993, ps.11 e 12.

70. - cf. o. cit. ps. 106 e 107.

O clássico THEMÍSTOCLES BRANDÃO CAVALCANTI,[71] entre os doutrinadores brasileiros, é o que melhor se coloca sobre a matéria em discussão. O seu pensamento é no sentido de que os Poderes Legislativo e Executivo podem ter diferentes atitudes legítimas em relação às normas inconstitucionais: ou se conformam com elas; ou têm a iniciativa de revogá-las; ou se rebelam contra a sua aplicação. Assim, o Poder Executivo, em relação às normas de sua *competência*, que sejam inconstitucionais ou ilegais, deve proceder, ele próprio, à sua revisão, revogando-as. Essa opinião ele sempre a sustentou, defendendo a legitimidade da revogação de ato ilegal, ou praticado por erro, fraude, coação, porque existe uma hierarquia de normas com a supremacia da regra constitucional, que domina todo o sistema legal.

Esse ilustre escritor, ao sugerir essa rebeldia, enfrenta a questão de saber se tal rebeldia é possível ocorrer pelo poder executivo contra as leis inconstitucionais, perguntando: *"podem a administração ou os órgãos administrativos deixar de aplicar a lei por inconstitucional?"*

Ele responde lembrando que a apreciação e a validade da lei, em face da Constituição, com a consequente *declaração* de inconstitucionalidade, é função do Poder Judiciário, cabendo à autoridade administrativa cumprir a lei, dado que não seria tolerável outro comportamento, sob pena de subversão da ordem administrativa, "transformando cada funcionário em censor da validade das leis e regulamentos" e, certamente, ofendendo os princípios da *segurança jurídica* e da certeza do direito, uma vez que "a lei deve ser aplicada em todos os seus termos pela administração" e "o próprio regulamento não pode ser objeto de controvérsias pelas autoridades menores"; mas, ainda quando assim se tenha pronunciado, THEMÍSTOCLES CAVALCANTI admitiu que "era lícito à

71. - *Do controle da constitucionalidade*, Rio de Janeiro: Forense. 1966, ps.11 e segs.

administração *aplicar* o preceito constitucional, autoexecutável, desprezando a lei ordinária que o contrariar".

Todo o exposto demonstra que, mesmo afastando-se a discussão do campo da natureza ou não de ato jurisdicional, relativamente à manifestação administrativa, não se pacificaram as opiniões pela linha adotada pelos autores que mais se demonstraram avançados, o que deixa evidente a pertinência do debate, ainda agora, sobre o tema.

Este trabalho acolhe a tese de THEMÍSTOCLES CAVALCANTI e atina com o crime de *excesso de exação* para o procedimento de *lançamento* que implique exigência de tributo com inobservância da jurisprudência iterativa do Supremo Tribunal Federal.

A tese, aqui, defendida é a seguinte:

Efetivamente, os órgãos administrativos, que decidem sobre controvérsias surgidas em seu âmbito, não emitem atos jurisdicionais.

Assim são entendidos os atos praticados por julgadores que funcionem com condições subjetivas e objetivas de imparcialidade, como sugere RENATO ALESSI[72] e que consistem: as *subjetivas*, em os julgadores não serem *partes* e as *objetivas*, em terem as características da magistratura, isto é, predicamento típico; garantias institucionais e funcionais como vitaliciedade, inamovibilidade, irredutibilidade de vencimentos; conhecer e decidir sobre litígios, mediante procedimentos que assegurem a ampla defesa e o contraditório; atribuições de aplicar sanções de natureza penal.

A doutrina italiana do direito tributário tem-se aprofundado na análise da natureza desses órgãos, a partir das preocupações com a "*Commisioni Tributarie*", em relação à qual, embora o legislador ordinário tenha introduzido,

72. - *Instituciones de derecho administrativo*. Tomo II, Barcelona: Bosch, 1970, ps.590 e segs.

no ordenamento jurídico, regras para assegurar-lhe a imparcialidade e para reforçar a garantia do contraditório em favor do contribuinte, restaram dúvidas, diante do disposto nos arts. 101 a 103 da Constituição italiana vigente a partir de 1º de janeiro de 1948.[73]

Esses órgãos, sob exame, não emitem, no Brasil, atos *jurisdicionais* porque o sistema adotado, pela Constituição, é o de *jurisdição única*. Aqui, diferentemente da França, o princípio da separação dos poderes foi assimilado, tal qual se iniciou no modelo anglo-americano.[74] A França, pois, faz a separação entre a jurisdição ordinária e a administrativa, onde esta última, com o Conselho de Estado, tem as condições *subjetivas* e *objetivas*, anteriormente, faladas, adotando, por essa forma, o sistema de *dúplice jurisdição*.[75] Assim procede, ao seu modo, também, para assegurar a separação entre os poderes.

---

73. - cf. Tomasicchio, Tommaso. *Manuale del contenzioso tributario*, Torino p.39 e Constituição italiana: *art.101. A justiça é administrada em nome do povo. Os juízes estão sujeitos somente à lei. Art.102. A função jurisdicional é exercida por magistrados ordinários nomeados e obedientes às normas do ordenamento judiciário. Não podem ser instituídos juízes extraordinários ou juízes especiais. Podem apenas ser instituídos, junto aos órgãos judiciários ordinários, seções especializadas para determinadas matérias, que também poderão contar com a participação de cidadãos idôneos alheios à magistratura. A lei disciplina os casos e as formas de participação direta do povo na administração da justiça. Art.103. O Conselho de Estado e os demais órgãos de justiça administrativa têm jurisdição sobre administração pública, sobre matérias especiais indicadas pela lei e, também, sobre os direitos subjetivos [...].*

74. - cf. Fagundes, Seabra. *O controle dos atos administrativos pelo poder judiciário*. 5 Ed.. Rio de Janeiro: Forense, 1979. ps. 115 e segs.; Bandeira de Mello, Oswaldo Aranha. *A teoria das constituições rígidas*. 2 ed. São Paulo: Bushatsky, 1980. ps.53 e segs.; Le Brun, André. L'innconstitutionnalité des lois aux États-Unis: thèse pour le doctorat. Paris: Droit et de Jurisprudence/Arthur Rousseau, 1899.

75.- cf. Hauriou Maurice. *Précis de droit administratif et de droit public général: a l'usage des etudiants en licence et en doctorat es-sciences politiques. 5 ed. Paris: DALLOZ, [s.d.].* p.793 e segs.; Grazier, François. *A" justiça administrativa na França; O Conselho de Estado Francês*. Rio de Janeiro: Fundação Getúlio Vargas. Cadernos de Administração Pública - 29, 1955; Aragão, J. Guilherme. *A justiça administrativa no Brasil*. Rio de Janeiro: Fundação Getulio Vargas. Cadernos de Administração Pública – 25, 1955.

A *jurisdição única* implica que toda e qualquer lesão ou ameaça a direito somente pode ser reparada com a apreciação do Poder Judiciário que, para essa função, não pode ser excluído, nem por lei.

O disposto no art. 5º, XXXV, da Constituição é neste sentido: *a lei não excluirá da apreciação do Poder Judiciário, lesão ou ameaça de direito.* Veja-se que esse texto difere do seu anterior porque não se refere, apenas, a direito individual, mas, sim, a qualquer direito.

Destaque-se, porém, que, ao estabelecer esse sistema, a norma dá nascimento ao *direito subjetivo público de ação,* mas, não impede que o legislador infraconstitucional crie atribuições para que esses órgãos administrativos ou outros de natureza de direito privado emitam atos que tenham o efeito dos jurisdicionais, quando esses atos tenham a tônica de solucionar conflitos sobre direitos patrimoniais.

O direito brasileiro tem o precedente do *juízo arbitral* como similar a essa tônica que se propõe para esses órgãos poderem, não só, conhecer de argumentos de inconstitucionalidade e/ou ilegalidade de atos em que se fundamentem, mas também, poderem integrar o nosso *sistema difuso* de *controle de constitucionalidade.*

Dir-se-ia que, hoje, esses órgãos, conhecendo desses *argumentos* e considerando que a decisão administrativa favorável ao administrado vincula a Administração, impedindo-lhe o acesso ao Poder Judiciário; dir-se-ia que a Administração, como sujeito da relação jurídica fiscal, assim, correria o risco de a decisão final administrativa, proferida pelos órgãos colegiados de 2º grau, colocar a Administração em risco de ficar ou diminuir sua arrecadação...

Efetivamente, se fosse válida essa opinião, válido, também, é lembrar que o acesso ao Judiciário, como *direito subjetivo público de ação*, também, não poderia ser impedido à Administração, apesar de ser tentadora a interpretação, no sentido de que o disposto no inciso XXXV do art. 5º da Constituição seria um *direito fundamental* do administrado e não da Administração.

Contudo, se prevalecesse essa interpretação, ela estaria em desacordo com o próprio sistema constitucional implantado, entre nós, que privilegia um *princípio*, o da *isonomia*, que, pondo-se acima de todos os outros, conforme a lição insuperável que nos legou FRANCISCO CAMPOS,[76] legitimaria a Administração a socorrer-se do Poder Judiciário para corrigir distorções da decisão administrativa comprometedora de sua constitucionalidade.

Daí se poder continuar sustentando, neste trabalho, a tese de que, no Estado Democrático de Direito, o sujeito passivo dessa *relação jurídica fiscal*, o administrado, o *contribuinte*, nela não comparece como *súdito*, mas, com prerrogativas, por exemplo, a do *contraditório*; sendo assim, a posição da Administração, nessa *relação*, se tivesse, simples e puramente, o efeito vinculante, ficaria desigual, ainda que a lei lhe tenha outorgado, no interesse público, certos privilégios.

É que, se a decisão final desses órgãos lesar ou ameaçar o interesse público, *seja porque* proferida com erro de fato, *seja porque* ao Judiciário compete anular atos administrativos viciados, a Administração pode socorrer-se da função jurisdicional para pleitear a revisão de decisões desses órgãos administrativos, mesmo quando elas forem favoráveis ao administrado.

Logo, não lhes deve ser defeso, pela circunstância de não serem órgãos jurisdicionais, o conhecimento de qualquer argumento que, perante si, for deduzido, ainda que tenha conteúdo constitucional colocado em confronto com ato normativo que ofenda a lei maior.

---

76. - cf. *Direito constitucional*, vol. II, Rio de Janeiro: Freitas Bastos. 1956 ps.12 e segs.

A tese, aqui defendida, é a de que a Constituição não impede que esses órgãos conheçam desses argumentos antepostos pelo *contribuinte* na demonstração de prática de atos administrativos ilegais e/ou inconstitucionais com os quais se procedeu à *autuação*, porque o órgão, que o fizer, não estará atuando com *definitividade*, considerando que, no *máximo*, a sua decisão é somente *terminativa* no âmbito da Administração; diz-se, no *máximo*, porque há sempre a possibilidade de ser *revogada* ou de ser *anulada*, pelo Poder Judiciário, nos termos em que o permite o nosso direito positivo. *Definitiva*, em matéria de constitucionalidade de normas legais infraconstitucionais ou normas administrativas, somente, há a decisão do Supremo Tribunal Federal a quem compete a guarda da Constituição, "*ex-vi*" do seu art. 102.

Há tentativas para introduzir, como medida preventiva ao litígio, os métodos alternativos de resolução de conflito, os quais seriam aplicados em socorro ao processo judicial, que é um método heterocompositivo, tendo em vista um ambiente representado por um estoque de contencioso tributário, atualmente (2024), com mais de R$600 bilhões de reais, constituído por, aproximadamente, 120 mil processos.

Esses métodos alternativos são conhecidos como os autocompositivos: negociação, conciliação e mediação ou como o heterocompositivo: a arbitragem extrajudicial.

A lei 13.129 de 26 de maio de 2015 alterou as regras de *arbitragem* para admitir a utilização desse método na solução dos conflitos da administração pública direta e indireta relativos a direitos patrimoniais disponíveis, podendo a autoridade ou o órgão competente para a celebração de convenção de arbitragem ser a mesma para a realização de acordos ou transações dessa natureza.

A lei 13.140 de 26 de junho de 2015 introduz o método da *mediação* como meio de solução de controvérsias entre particulares e dispõe sobre a autocomposição de conflitos no âmbito da Administração Pública, definindo-o como a atividade técnica exercida por terceiro imparcial, sem poder decisório, que, escolhido ou aceito pelas partes, as auxilia e estimula a identificar ou desenvolver soluções consensuais para a controvérsia.

O campo da heterocomposição tem sido inovado, no que toca ao exercício da *jurisdição constitucional*, mas, não na área da *prevenção*, porque guarda a natureza de *conciliação* com o critério "Tribunal Multiportas".

A matéria tributária não está contemplada.

O problema é que há dificuldade de definir, no arcabouço legislativo que disciplina a relação jurídica tributária, quais são os direitos patrimoniais disponíveis, enquanto não houver uma lei que, expressamente, explicite o interesse público dentro desses limites e qual será o titular dos poderes (árbitro ou colegiado) dessa alternativa, o qual não tenha a natureza jurisdicional do juiz, para proferir a decisão vinculante.

Portugal foi o primeiro país, entre os que integram a mesma tradição jurídica brasileira, como Espanha, Itália e França, a consagrar o regime jurídico da arbitragem tributária[77].

A última tentativa para implementação desses métodos autocompositivos em matéria tributária, no Brasil, está no Ato Conjunto dos Presidentes do Senado Federal, Rodrigo Pacheco e do Supremo Tribunal Federal, Luiz Fux, nº 01/2022, que constituiu uma Comissão de Juristas[78] responsável pela elaboração de anteprojetos de proposições legislativas que

---

77. - cf. Decreto-Lei nº 10, de 20 de janeiro de 2011.

78. Min. Regina Helena Costa, Presidente; Professores Marcus Lívio Gomes, relator do tema Processo Tributário; Valter Shuenquener de Araújo, Relator do tema Processo Administrativo; Membros: Alexandre Salles, André Jacques Costa, Aristóteles Câmara, Bruno Dantas Nascimento, Caio César Leôncio, Carlos Henrique de Oliveira, Edvaldo Brito, Flávio Garcia, Gustavo Binenbojm, Josiane Minardi Foeppel, Júlio César Gomes, Leonel Pittzer, Luiz Gustavo Bichara, Maurício Zockun, Patrícia Baptista, Ricardo Soriano de Alencar, Valter Lobato.

dinamizem, unifiquem e modernizem o processo administrativo e tributário nacional, a qual apresentou sugestões para elaboração de Lei de Mediação Tributária da União e de Lei de Arbitragem em Matéria Tributária e Aduaneira.

A Constituição legitima edição de lei que supere esses obstáculos, uma vez que disciplina a *capacidade econômica do contribuinte*, determinando que os impostos terão caráter pessoal e, por *provocação deste contribuinte*, faculta ao sujeito ativo conferir a efetividade dessas personalização e graduação dos impostos, mediante a identificação do patrimônio, dos rendimentos, e das atividades econômicas do sujeito passivo.[79]

A lei integrativa desse princípio constitucional da personalização e graduação dos impostos é o próprio Código Tributário Nacional, ao dispor sobre a *transação*[80], outorgando competência ao sujeito ativo para celebrar esse negócio, mediante concessões mútuas, a fim de extinguir litígio e, em consequência, extinguir o crédito tributário: esta providência pode enquadrar-se nas disposições sobre o *negócio jurídico processual*, que é um procedimento consensual cuja regra geral encontra-se no Código de Processo Civil.[81]

2.2.2 Prerrogativas do sujeito passivo e daquele sob sujeição: instauração do contencioso como garantia do exercício do direito subjetivo de ampla defesa e do contraditório

Quanto às prerrogativas do sujeito passivo, ao integrar a *relação jurídica fiscal*, começam por caber-lhe, com exclusividade, a iniciativa da fase *contenciosa*.

79. - cf. Brito, Edvaldo. Capacidade contributiva. In. Ives Gandra da Silva Martins (Coord.). Capacidade Contributiva. Caderno de Pesquisas Tributárias. v.14. São Paulo: Co Edição Centro de Estudos de Extensão Universitária e Editora Renha Tributária, 1989. p. 327.

80. -cf. Art. 171.

81. -cf. Art. 190.

Decorre dessa circunstância, a incidência de dois princípios característicos do Estado Democrático de Direito: a *ampla defesa* e o *contraditório.*

O primeiro deles, por muito tempo, entendeu-se típico do Direito Penal.

Contudo, pensar desta forma representa um equívoco, porque melhor é acolhê-lo como próprio de qualquer situação em que o Estado desempenhar o *jus puniendi.*

Por outro lado, considerando-se as prerrogativas deferidas à Administração como realizadora dos fins do Estado e, nessa condição, sempre guardiã do interesse público, tanto que se reconhece a *autoexecutoriedade* de seus atos sempre tidos como *legítimos*, até prova em contrário, surgiram dúvidas de como aplicá-los ao campo do Direito Tributário Administrativo, sobretudo, quando, no direito pátrio, esses princípios foram erigidos à altura de *garantia fundamental*, porque a Constituição, no inciso LV do seu art. 5º assegura aos litigantes, em qualquer processo administrativo, a *ampla defesa* e o *contraditório.*

A cláusula final do dispositivo constitucional (*com os meios e recursos inerentes à ampla defesa*) tem conduzido ao entendimento de que é válida a restrição do art. 18 do Decreto nº 70.235 de 06.03.1972, com a redação que lhe deu a Lei nº 8.748, de 09.12.1993.[82]

A cláusula constitucional invocada, contudo, não autoriza esse entendimento, porque ela se refere à utilização dos elementos (*meios e recursos inerentes*) que integram a *ampla defesa.*

---

82. - cf.: *Art. 18 - A autoridade julgadora de primeira instância determinará, de ofício ou a requerimento do impugnante, a realização de diligências ou perícias,* quando entendê-las necessárias, *indeferindo as que considerar prescindíveis ou impraticáveis, observado o disposto no art.28,* in fine.

A Doutrina[83] tem enfrentado a questão, advertindo que o qualificativo "*amplo*" atribui à defesa do litigante toda a possibilidade de provas que se fizerem mister, salvo as, meramente, protelatórias, assim consideradas não aquelas que tomam tempo para se realizarem, mas, aquelas que, *a priori*, de plano, apresentam-se inúteis ao deslinde da questão.

São evidentes, contudo, as dificuldades de identificação da prova protelatória.

Uma prova testemunhal, no procedimento fiscal, sê-lo-ia?

A resposta é negativa, pois um depoimento elucida muitas dúvidas daquele que tem de decidir e se enquadra, perfeitamente, no critério da "*ampla*" defesa que, assim, não pode excluir seja lá qual for o meio admitido em Direito.

Por outro lado, a *ampla defesa* abrange a contraprova que, por óbvio, não se compadece com requerimento do impugnante formulado logo na primeira vez que fala no processo, com a impugnação, pois o fato a provar pode ser superveniente, em razão da prova produzida pela outra parte, durante a instrução.

Há, nestes termos, também, espaço, além da *ampla defesa*, para o *contraditório* que inclui, dentre outras providências, a ouvida recíproca dos sujeitos da relação, sempre que um der motivo, criando circunstâncias novas.

É óbvio, também, que não se deve descurar de advertências como aquelas que faz ODETE MEDAUAR,[84] ao lembrar que "o reconhecimento do direito à prova não significa seu exercício abusivo, p. ex.: ouvida de 100 testemunhas, realização de provas irrelevantes ao objeto do

---

83. - cf., por exemplo, Greco, Marco Aurélio. *Dívidas fiscais -I (procedimento administrativo)* São Paulo: Editora Saraiva. 1977. ps.31 e segs.

84. - cf. *A processualidade no direito administrativo*, São Paulo: Editora Revista dos Tribunais. 1993, p. 119.

processo, produção de provas tumultuárias". Essas advertências, aqui, reveladas não dão, entretanto, azo às restrições contidas no dispositivo supratranscrito.

Há contudo, outros problemas jurídicos a resolver, no transplante do princípio da *ampla defesa* para o seio da processualidade administrativa, tal como a autora chama a atenção e oferece as respectivas soluções.

Por exemplo, é difícil afirmar qual dos dois princípios é o *conteúdo* ou o *continente* um do outro, porque se *ampla defesa* consiste em se deferir ao litigante todos meios permitidos em Direito para provar o alegado; o *contraditório*, em apertada síntese, corresponde ao diálogo processual entre as partes, pelo qual cada vez que uma delas fala no processo ou traz ao processo instrumento que pretende seja adotado como documento probatório, a outra terá a oportunidade de contraditá-lo; se os princípios do processo administrativo revestem-se, também, do *informalismo* que dispensa ritos sacramentais e da *verdade material* que resulta na *liberdade de prova*,[85] então não há porque acolher a rigidez do dispositivo da legislação infraconstitucional supratranscrita porque, de resto, fere o princípio constitucional da amplitude.

Lembre-se, mais uma vez, que o procedimento, objeto do processo administrativo fiscal, é o modo de *constituição do crédito*, também, na perspectiva da *execução forçada*, cujo tratamento, no campo do direito judiciário civil, submete-se à lei que dispõe sobre a cobrança judicial da *dívida ativa* (lei nº 6.830 de 22.09.1980), a qual toma o Código de Processo Civil como subsidiário.

Por conseguinte, todos os meios de prova que esse Código disciplina, bem assim, toda a forma do *contraditório*

85. - cf. Meirelles, Hely Lopes. *O processo administrativo e em especial o tributário* São Paulo: Editora Resenha Tributária. 1975. p. 19 e 20.

por ele regulada, têm aplicação no processo administrativo que precede a essa cobrança.

Mas, repita-se: todo esse entrelaçamento, ainda que dificulte afirmar *quem* contém *quem*, demonstra que, esses dois princípios vinculam-se, "sobretudo em termos de precedência de um em relação ao outro, de um como decorrência do outro", diz ODETE MEDAUAR, concluindo pela interconexão profunda dos dois princípios, o que gera dificuldade teórica e prática de separar, com precisão, os respectivos desdobramentos, dada a sua mescla no andamento processual; e arrolando esses desdobramentos, discrimina como sendo:

> os do *contraditório*
>
> a) -*a informação geral;*
>
> b) -*a ouvida dos sujeitos;*
>
> c) -*a motivação*; e
>
> os da *ampla defesa:*
>
> a) -*a anterioridade da defesa em relação ao ato decisório;*
>
> b) - *o direito de interpor recurso administrativo como decorrência do direito de petição e, portanto, independentemente de o recurso estar expressamente previsto na lei;*
>
> c) -*a defesa técnica;*
>
> d) -*direito de solicitar a produção de provas e de vê-las realizadas e consideradas;*
>
> e) -*direitos oriundos do aspecto da informação geral integrante do contraditório, os de:*
>
> **e1**- *ser notificado do início do processo;*
>
> **e2** - *ser cientificado dos fatos e dos fundamentos legais que motivam o processo*
>
> **e3** -*ser cientificado, com antecedência, das medidas ou atos referentes à produção das provas;*
>
> **e4** - *ser cientificado da juntada de documentos;*

e5 - *ter acesso aos elementos do expediente (vista, cópia ou certidão);*

e6 - *de não ser processado mediante provas obtidas por meios ilícitos: Constituição, art. 5º, LVI* (cf. ob. cit. ps.103 111 e 115 a 120).

A conclusão é a de que não pode haver restrições à aplicação dos princípios da *ampla defesa* e do *contraditório* ao processo administrativo fiscal, especialmente, porque se constituem em "direito fundamental processual de cada parte, igualmente válido em qualquer tipo de processo", tendo, no Estado Democrático de Direito, a mesma transcendência que o livre acesso aos tribunais ou que o direito ao juiz natural.[86]

Nestes termos, também, é de concluir-se, integrativamente, com o remate anterior, no sentido de que os princípios supramencionados legitimam os órgãos administrativos para que conheçam dos argumentos de inconstitucionalidade e/ou ilegalidade de atos em que se fundamentem autuações.

2.3 O elemento objetivo

Afirmou-se supra que o objeto de uma relação jurídica é o bem sobre o qual incide o poder de exigi-lo como *prestação.*

Afirmou-se, outrossim, que essa relação irradia, também, *poder-dever, munus, condictio juris.*

Pois bem: o objeto da *relação jurídica fiscal* tem todo esse conteúdo considerando-se que a *constituição* do crédito tributário, mediante o procedimento de *lançamento* é deferido, somente, à Administração (*poder*), a qual terá de

86. - cf. Larenz, Karl. *Derecho justo - fundamentos de ética juridica.* Madrid: Editorial Civitas, S.A. 1990, p. 188.

realizá-lo por ser *vinculado* (*dever*), sob pena de não poder cobrar esse crédito (*condictio juris*), estando, por isso, o administrado em estado de *sujeição*, tendo em vista que não pode impedir essa *atividade* (*direito potestativo*).

Esse *elemento objetivo*, ensejando tantos caracteres, não estranha que se tenham produzido tantas teses sobre a sua *natureza*.

A balbúrdia resulta da circunstância de nenhuma delas ter exclusividade, pois, a *atividade* de *lançamento* comporta a todas por ser multifacetada.

2.3.1 Natureza jurídica do lançamento

Um *objeto* de tal complexidade, como tem sido relatado, até aqui, merece ter examinada a sua natureza jurídica, especialmente, porque ela auxilia o juízo formado sobre a *competência* dos órgãos administrativos que desempenham a *atividade*.

Reafirme-se[87] que a natureza desses atos é a de atos que integram um *procedimento administrativo*, isto é, uma sucessão de "formalidades" (atos jurídicos, prazos, mera execução material de tarefas burocráticas) que objetiva constituir o crédito tributário, quer dizer, objetiva investigar todas as circunstâncias que envolvem a identificação do dever jurídico de pagar o tributo.

Por esta razão, não faltou, a JOSÉ SOUTO MAIOR BORGES,[88] a visão necessária para advertir que nada autoriza a conclusão de que o *lançamento* é só o ato administrativo, como pretende, equivocadamente, certa doutrina, até porque não realizaria, para o direito pátrio, as

---

87. - cf. Brito, Edvaldo. Lançamento. In. *Revista de Direito Tributário, nº 42. São Paulo. Ano 1 - out/dez 1987. p.* 186 e segs.

88. - cf. *Tratado de direito tributário brasileiro,* vol. IV: lançamento tributário. Rio de Janeiro: Ed. Forense. 1981, p. 106.

"formalidades" exigidas pelo art. 142 do Código Tributário Nacional.

Os órgãos administrativos, cada qual no exercício de suas respectivas atribuições, participam do procedimento de *constituição* do *crédito* para aperfeiçoá-lo, aqui, incluídos os de 2º grau – se existirem – que praticam as últimas "formalidades", sem exclusão daquelas que resultem na correção daquilo que, anteriormente, foi procedido, conforme a acertada opinião de IVES GANDRA DA SILVA MARTINS.[89]

O *lançamento* como *poder-dever*, já foi explicado supra.[90] Necessário é acentuar-lhe, agora, os seus aspectos de *direito potestativo* e de *condictio juris*, os quais lhe salientam o caráter *procedimental* em que se desenvolve a *cadeia de atos* pela qual ele se realiza para a *constituição* do crédito tributário.

2.3.1.1 direito potestativo

Diz-se que há um *direito potestativo* toda vez que um titular de uma prerrogativa jurídica exerce-a, tal como a confere a ordem jurídica, sem que o lado adversário possa opor-se a tal exercício.

Essa inércia, que se impõe ao outro polo da relação jurídica, é o que se denomina de *sujeição*.

A terminologia de sua origem, a alemã, é a de *direitos conformativos* (Gestaltungsrecht), porém, a designação

---

89. - *Poder corretivo dos tribunais administrativos fiscais. Salvador: Editora Revista Legislação e Jurisprudência Fiscal. Estudos LJF, nº 20, mar. 1981.* Não pode a autoridade administrativa inferior desobedecer ao mandamento inserto na decisão do Tribunal de Impostos e Taxas, como o fez com a renovação do auto de infração, sem a entrega de toda a documentação apresentada 2. O Tribunal de Impostos e Taxas pode sustar o andamento do referido processo, revogando o ato administrativo, classificado entre os atos administrativos nulos, pois representando subversão da hierarquia das normas e do duplo grau de jurisdição do processo revisional de lançamento.

90. - Gomes, Orlando. *Introdução ao direito civil,* 22ª ed. Coordenador e atualizador Edvaldo Brito; atualizadora Reginalda Paranhos de Brito. Rio de Janeiro: Forense, 2019, p. 81.

mais corrente é essa de *direito potestativo* utilizada pelos italianos, enquanto que os espanhóis preferem a expressão *direitos constitutivos.*[91] Esta, porém, aqui, não se recomenda, porque se referiria, apenas, a uma das três classes desse gênero de direitos, quais sejam:

- direitos constitutivos
- direitos modificativos
- direitos extintivos

conforme, respectivamente, objetivem criar, modificar ou extinguir direito, somente, por ato positivo ou negativo do titular.

Configura-se, no caso do *lançamento*, um *direito potestativo* do tipo *constitutivo*, porque o procedimento visa a *criar*, para o sujeito ativo, o direito de *exigir*, efetivamente, a *prestação* e de tal modo esse sujeito *procede* que que se configura um *poder* exercitado mediante uma manifestação de vontade, sem qualquer intervenção, salvo a judicial, se o exercício desobedecer ao que a ordem jurídica lhe traça para legitimá-lo.

O sujeito passivo da *relação jurídica tributária* tem a *sujeição*, porque não pode *impedir* esse *procedimento*, somente, interferindo para ajustar ao modo como a ordem jurídica disciplina esse exercício.

Efetivamente, o fisco "exerce o seu direito independentemente da vontade de quem deve sofrer as consequências desse exercício",[92] o qual é da categoria de um *direito potestativo constitutivo.*

---

91. - cf. Andrade, Manuel Domingues de. *ob. cit.*, ps.12 a 19.

92. - cf. Gomes, Orlando. *Introdução ao direito civil.* 22 ed. Rio de Janeiro: Forense, 2019. p.91.

MESSINA[93] é elucidativo ao definir *direito potestativo* como o poder em virtude do qual o seu titular influi sobre situação jurídica preexistente mudando-a, extinguindo-a ou criando-a, através da sua própria atividade unilateral.

Categoria importada para a Itália por GIUSEPPE CHIOVENDA,[94] defendida por MESSINA diante das objeções de juristas como ROCCO, COVIELLO, FERRARA e CARNELUTTI,[95] tem em EMIL SECKEL[96] o seu maior teórico.

PONTES DE MIRANDA[97] é didático, a partir da distinção entre direitos *formados* — chamados direitos de governação — e direitos *formativos*, porque estes últimos "tendem à criação (direitos formativos criadores ou geradores), à modificação (direitos formativos modificadores), ou à extinção de direitos (direitos formativos extintivos)", chamados por ZITELMANN de *direitos potestativos*.

São *direitos subjetivos*, superada a dificuldade apontada de que, para sê-los, necessitariam de um polo no qual se alojasse um *dever jurídico*.

Superada porque o *direito subjetivo* é prerrogativa que a ordem jurídica assina a um titular para o exercício de *faculdades*, caracterizando-se conforme o elenco destas, entre as quais, uma é-lhe ínsita: a de *gozo*.

---

93. - cf. Messina, Giuseppe. Diritti potestative. Milão, Scritti Giuridici 1948, p. 41.

94. - cf. *Instituciones de Derecho Procesal Civil (Istituzioni di Diritto Processuale Civile): conceptos fundamentales la doctrina de las acciones*. Traducción del italiano y notas de Derecho Español: E. Gomez Orbaneja. 2 ed. v. 1. Madrid: Revista de Derecho Privado, 1948. p. 10 e segs.

95. - cf. Santi Romano. *Fragmentos de um Diccionario Juridico*. Traducción de Santiago Santís Melendo y Marino Ayera Redin. Bueno Aires: Ediciones Juridicas Europa-America, 1964. p.303 e 304 e 68v.

96. - cf. Seckel, Emil. *Die Gestaltungsrechte des bürgerlichen Rechts*. Berlin: Liebmann, 1903.

97. - cf. *Tratado de direito privado*. Parte geral, tomo V, 4ª ed. São Paulo: Editora Revista dos Tribunais. 1983, ps.305 e segs.

Não é elemento do seu conceito a existência de um polo passivo, mas, o caráter de uma prerrogativa outorgada pela ordem jurídica a alguém, caracterizada pelo *poder* de influir com sua *única* manifestação de vontade sobre a condição jurídica de outrem, portanto, sem o concurso da vontade desse outrem.

A afirmativa de que o *direito potestativo* não contém *pretensão* é decorrente desses seus caracteres, até porque, esta consiste no *poder jurídico* de alguém *garantir-se* com a tutela do juiz, para assegurar a prerrogativa de *gozo*, *faculdade* existente, em qualquer categoria de direito, quando outrem desrespeita esse direito.

ORLANDO GOMES[98] é preciso, citando SANTORO PASSARELLI: o titular do *direito potestativo* realiza seu interesse sem necessidade de cooperação do sujeito passivo; exerce o direito independentemente da vontade de quem deve sofrer as consequências do exercício.

O *direito real* é, neste sentido, *direito subjetivo*, como o é, pois, o *direito potestativo*.

Há uma fonte normativa para esses *direitos de poder*;[99] esses *direitos a formar direitos*.[100]

O direito tributário pátrio é, neste caso, desde a Constituição,[101] a fonte, ao outorgar *competência privativa* à autoridade administrativa para *constituir* o crédito tributário e ao estabelecer que essa é uma *atividade vinculada* e *obrigatória*, sob *pena* de responsabilidade funcional.[102]

---

98. - cf. *Introdução ao direito civil*. Coordenador e atualizador Edvaldo Brito; atualizadora Reginalda Paranhos de Brito. 22 ed. Rio de Janeiro: Forense, 2019. p. 90-91.

99. - cf. Zitelmann, Ernst, citado por Pontes de Miranda, ob. cit. p. 306.

100. - cf. Miranda, Pontes, ob. cit. p. 302.

101. - cf. art. 146 da Constituição da República Federativa do Brasil.

102. - cf. art.142 e seu parágrafo do Código Tributário Nacional.

Aqui, destrinça-se o imbróglio[103] da titularidade do *direito potestativo* — se do Estado ou da Administração Tributária — e o da existência ou não de um *poder-dever*.

O *direito potestativo* de *constituir* o *crédito tributário*, pelo *lançamento*, é da titularidade do Estado-Administração Tributária e o *poder-dever* é do servidor a quem está outorgada a *competência* para exercer essa *atividade vinculada* e *obrigatória*.

Precede, a esta *constituição* do *crédito tributário* — que o torna *exigível* — a *existência* deste, tal como exposto antes.[104]

O prazo de *decadência* incide nessas fases do *crédito existente* em transformação para o *crédito exigível*, porque aí há o exercício do *direito potestativo* e a efetivação do *poder-dever*, com o *munus* que incumbe à Administração Tributária como um todo.

É, assim, *direito potestativo*, porque a Administração *procede* à *constituição* do *crédito* pelo *lançamento*, sem qualquer possibilidade de o administrado opor-se ao seu exercício, porque cabe a este, apenas, a oportunidade de fazer com que o *procedimento* se comporte na forma pela qual lhe foi outorgado esse *direito*; por exemplo, com a observância das *formalidades* pertinentes.

Resta superar uma divergência quanto à classificação do *direito potestativo* de *proceder* ao *lançamento*: se *constitutivo* ou se *modificativo*.

O ministro MOREIRA ALVES[105] caracteriza o *procedimento* como *modificativo*, porque "o lançamento em última análise, torna a obrigação tributária, que até então é ilíquida, obrigação líquida, o que implica dizer que há

---

103. - cf. voto do min. Moreira Alves, relator do ERE 94.462-1 – SP, Pleno 06.10.1982.

104. - cf. p. 42.

105. - cf. voto no ERE Nº94.462-1 SP, p. 1403.

modificação em situação jurídica preexistente [...] Trata-se, pois, à semelhança do poder de opção nas *obrigações alternativas* de um direito potestativo modificativo".

Mas, efetivamente, configura-se um *direito potestativo constitutivo*, porque a fonte normativa outorga ao seu titular a prerrogativa de *criar*, a partir da *relação jurídica tributária*, sem qualquer oportunidade de impedimento pelo sujeito destinatário, nem qualquer atitude sua, uma outra *relação jurídica*, a *fiscal*, colocando, aqui, em *sujeição*, o destinatário dos efeitos do exercício dessa prerrogativa.

BERLIRI[106] entende, também, que o *direito potestativo* de *lançamento cria* a posição de credor do tributo e a de devedor, cujo patrimônio fica de logo. Portanto, esta opinião configura um *direito potestativo* do tipo *constitutivo*, porque o *procedimento* visa a *criar* para o sujeito passivo da obrigação tributária a *posição* de *devedor* de uma *prestação líquida e certa* cujo objeto é a *moeda* com todos os seus caracteres de *valor de troca*.

2.3.1.2 Condictio juris

Outrossim, foi dito que o *lançamento* é *procedimento* necessário à *exigibilidade* do crédito tributário, nos termos do direito brasileiro.

É, desta forma, uma *condição jurídica*.

O problema está em qualificar-se essa *condição*, considerando-se que, tecnicamente, a Doutrina registra a existência da *condictio juris*, da *condição voluntária* e da *condição de atendibilidade* como fatos adotados como pressupostos dos quais dependerá a eficácia jurídica da *conduta humana* pensada pela norma jurídica como capaz de gerar

---

106. - cf. .Berliri, Antonio. *Principios de derecho tributario:* la comprobación. Traducción y estudio preliminar por Carlos Palao Taboada. v.3. Madrid: Derecho Financiero, 1973. p. 345 – 348.

prerrogativas, *direitos subjetivos*, *poderes* e os correspondentes *ônus*, *deveres jurídicos* e *sujeição* em que se constitui a *prestação* do obrigado.

Excluída a *condição voluntária*, porque é típica dos negócios jurídicos e, esses atos jurídicos, têm como *fonte mediata* a *declaração de vontade* da parte, restam a *condictio juris* e a *condição de atendibilidade.*

ALBERTO XAVIER[107] afirma que o *lançamento*, como título abstrato da obrigação do imposto, é, em sentido técnico, sua *condição de atendibildade*, porque, na ausência desse título, nem o credor pode reclamar a *prestação* nem o devedor, pretender cumpri-la.

Portanto, admite que a eficácia do *lançamento* é a de ser *condição* para a *exigibilidade* do *crédito*, embora não aceite que seja uma *condictio juris* porque esta operaria no campo da eficácia intrínseca e seria, por isso, irretroativa, enquanto a *condição de atendibilidade* atua no terreno da eficácia extrínseca, revelando o fato e os seus efeitos desde o momento em que surgiram.

Contudo, *data vênia*, se essa "*condição de atendibilidade*" for, como parece que o é, estabelecida pela lei, ela é, em última análise, uma *condictio juris.*

Afinal, a dependência da eficácia jurídica de uma *conduta humana*, somente, pode ocorrer se ela for estabelecida, como pressuposto, ou pelas pessoas a que a lei tenha facultado esse proceder ou pela própria lei.

A *condição* é *voluntária*, no primeiro caso; no segundo, ela é requisito do qual a lei faz depender a eficácia da *conduta*, exatamente, porque, na *condictio juris*, o fato é pressuposto do efeito que a lei atribui ao requisito de que esse efeito depende.

---

107. - cf. *Do lançamento no direito tributário brasileiro*, 3ª ed. totalmente reformulada e atualizada. Rio de Janeiro: Forense, 2005, p. 416.

Logo, *condictio juris* é, em suma, acontecimento futuro e incerto ao qual se subordina (está subordinada) a eficácia do fato pela *vontade, não das pessoas* envolvidas, mas, da *lei.*[108]

ORLANDO GOMES, com a maestria que marca o seu magistério, enfrenta o problema da *retroatividade da condição* – objeto do empecilho suprainformado – esclarecendo que a sua solução não é igual nas legislações. "Orientam-se alguns Códigos para a retroatividade, outros para a irretroatividade, como, por exemplo, o alemão".[109]

Importa, então, insistir que os efeitos da verificação da *condição* serão "*ex tunc*" ou "*ex nunc*", a depender do regime jurídico que a discipline, por isso, lembra ORLANDO GOMES, a controvérsia é acadêmica, quando circunscrita a uma regra geral.

A discussão, somente, interessa pelo ângulo da identificação do estado do direito enquanto pende a *condição*, pois, nesse período, o titular do *direito condicional* tem um interesse, juridicamente, protegido; nessa ótica é que se admite, aqui, como tese, ter a *condição*, também, efeito "*ex tunc*" "porque, para determinados fins especiais, convém proteger os interesses do titular do direito condicional".

Tudo isto, pois, (repita-se, por necessário) depende do regime jurídico atribuído pela lei.

Importa, outrossim, recordar que o *direito condicional* se rege pela lei vigente ao tempo de sua formação e, antes de realizada a *condição*, o credor não pode exigir o cumprimento da *prestação*.

---

108. - cf. Trabucchi, Alberto *Istituzioni di diritto civile*, 5ª ed. Padova: CEDAM, 1966, p.165; Archi, *Condizione* (diritto romano), in. Enciclopedia del dirritto. Milano, 1961.; Rescigno, Pietro. Enciclopedia del diritto, v.8, p.768-78 e Manuale di diritto privato italiano. Napoli: Jovene, 1974.

109. - cf. *Introdução ao direito civil*, 22ª ed. ob. cit. p. 298 e segs.

Esta é a razão das regras veiculadas pelos arts. 105 e 144 do Código Tributário Nacional.

Ocorrido o fato gerador, é *existente*, desde esse momento, o *crédito tributário* que se submete à lei, então, vigente.

Forma-se, aí, o *direito subjetivo de crédito* como um *direito condicional*, porque depende do implemento de um acontecimento futuro e incerto, o *lançamento*, que é evento de que não se tem certeza da verificação por não se saber a data em que o *procedimento* irá completar-se— "*dies incertos an, certus quando*".

Enfim, o conteúdo da *condictio juris* será sempre o que a própria lei lhe atribui, razão porque não se deve entendê-lo, unicamente, como "*ex nunc*".

O regime jurídico do *lançamento*, no direito pátrio, caracteriza o *direito de crédito tributário*, até o seu implemento, como um *direito condicional*, cujo exercício está submetido a *prazo extintivo*, por isso, "*dies incertus an, certus quando*", ou seja, não há certeza de que o *lançamento* se verifique e, quando se realiza, nunca se sabe a data, daí o *prazo extintivo* como limite a que se realize.

A incerteza dessa realização repele a possibilidade de ser considerado uma modalidade de *termo*.

Esse *direito condicional* não impede o seu titular de exercer os atos destinados a conservá-lo. O Código Tributário Nacional, por isso, classifica o *lançamento* em três modalidades:

a) - *por homologação*;

b) - *de ofício*;

c) - *por declaração*.

Cada qual dos três tem influência na contagem dos prazos nos quais ocorrem a *decadência* e a *prescrição*.[110]

---

110. cf. p. 129.

2.3.2 Efeitos do lançamento

Impõe-se, a esta altura, que se diga qual a *eficácia* do *procedimento* de *lançamento*, no direito tributário positivo brasileiro, com o qual se *constitui* o *crédito*, incluídas as *formalidades* incumbidas aos órgãos administrativos coletivos de 2º grau:

a) - ser *condictio juris* para que o crédito torne-se *exigível*;

b) - ser última das *formalidades* do procedimento que marca o fim do período de *decadência* e, consequentemente,

c) - ser essa *formalidade* correspondente ao termo inicial do período de *prescrição,* nascendo a *actio nata* em versão *objetiva.*

Assim, confirma-se que essa *eficácia* é a de uma *condição* para que a Administração torne o *crédito tributário exigível*, praticando as últimas *formalidades*, as quais poderão competir ou não aos órgãos colegiados administrativos, dependendo da iniciativa do sujeito passivo quanto à fase *contenciosa*. E, na medida das respectivas *competências*, esses órgãos terão de cuidar para que se cumpram os prazos dentro dos períodos referidos nas letras “a” e “b” supra, assinados para caracterizar as diversas fases do *procedimento.*

CAPÍTULO III
RELAÇÕES ENTRE OBRIGAÇÃO TRIBUTÁRIA, CRÉDITO TRIBUTÁRIO, DECADÊNCIA E PRESCRIÇÃO TRIBUTÁRIAS NO DIREITO BRASILEIRO

3.1 A estrutura da obrigação tributária

Reafirme-se a natureza *obrigacional* da relação jurídica tributária[111] e, também, o esboço da estrutura de uma *obrigação*.

Repita-se, então, que a *obrigação* se constitui dos seguintes *elementos*:

---

111. - cf., por todos, Nogueira, Ruy Barbosa. *Teoria do lançamento tributário*. São Paulo: Editora Resenha Tributária Ltda. 1973, p.154. Sousa, Rubens Gomes de. *Compêndio de legislação tributária. Coordenação: IBET - Instituto Brasileiro de Estudos Tributários. Edição Pôstuma. São Paulo: Resenha Tributária, 1975*. p. 49 e segs.

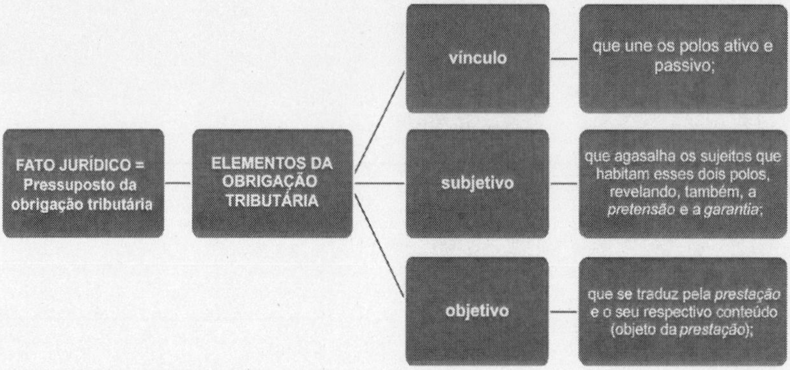

Os objetivos deste estudo exigem que se examinem, a partir deste ponto, alguns desses *elementos*, tal como se faz a seguir.

3.1.1 O vínculo

A *obrigação* é um *vínculo* jurídico, entre pessoas, disciplinado de modo peculiar.

Evoluiu da *obligatio* romana até a forma assumida nos dias atuais.

A noção primitiva *vinculava* o próprio *sujeito passivo*, desde quando fazia o corpo, desse sujeito, adstrito a uma *prestação*: *obligatio est juris vinculum, quo necessitate adstringimur alicujus solvendae rei, secundum nostrae civitatis jura.*

Veja-se que essa noção, ainda que inclua a de *vínculo*, fornece uma ideia de unilateralidade, por isso, que despreza o *lado ativo*, uma vez que, nessa concepção primitiva, evidencia-se *a necessidade a que está adstrito o indivíduo*, sujeito passivo, *de solver a coisa.*

O devedor (sujeito passivo) é obrigado a *pagar alguma coisa*, tal como estabelecido pela ordem jurídica a que está submetido.

De tal sorte era assim que o devedor era, ao mesmo tempo, o sujeito passivo e o próprio *objeto* do *objeto* (*prestação*) da *obrigação*, porque, no caso de inadimplemento, o seu corpo seria o instrumento de substituição daquele *objeto* com o qual teria de satisfazer, originariamente, a *prestação* (*objeto* da obrigação).

Passava ao estado servil que permitia ao credor vendê-lo como escravo ou, até, matá-lo, exercendo o *jus vitae et neci*.

Atribui-se à *Lex Poetelia Papiria* (sec. IV A C) a abolição da execução pessoal, substituindo-a pelo princípio de que o instrumento que garantiria o cumprimento da *prestação* seria o *patrimônio* do devedor (*pecuniae creditae bona debitoris non corpus obnoxium esse*) e não o seu próprio corpo.

MOREIRA ALVES[112] sintetiza a evolução histórica da *obligatio* no Direito Romano, lembrando que a tese de BRINZ (1874) e a de PEROZZI (1903) abalaram a concepção de que, durante todo o período pré-clássico até o justinianeu, a *obligatio* mantivera-se como sendo um *vínculo jurídico* em virtude do qual o devedor estava adstrito a cumprir uma *prestação* de conteúdo econômico em favor de outrem.

Enquanto na tese de PEROZZI, a *obligatio* seria um dever jurídico idêntico a qualquer outro que se incluía nas *obligationes*, na de BRINZ a obrigação, no Direito Romano, tinha na sua estrutura dois elementos distintos que surgiam em momentos diversos: o *debitum* e a *obligatio*.

112. - cf. Alves, José Carlos Moreira. *Direito romano*. 5 Ed. v.2. Rio de Janeiro: Forense, 1995. p. 4-5.

Apesar de todas as divergências, a ponto de alguns pensarem que, modernamente, a *relação obrigacional seria o vínculo entre patrimônios*, efetivamente, ela é um *vínculo entre pessoas* cujo objeto é a *prestação*, esta sim, com *conteúdo patrimonial.*

O titular da prerrogativa da exigência da *prestação* deve cuidar de *exercer*, no *tempo certo*, o respectivo *direito subjetivo*, o de *crédito*, sob pena de impossibilitar o seu gozo, porque ele *nasce* com um *tempo certo para ser exercido.*

Esse *exercício* pressupõe, no caso do *crédito tributário*, a *atividade* do próprio titular para *constituí-lo* dentro do mesmo *tempo certo* em que deve gozá-lo.

Constituído o *crédito* e não ocorrendo, por parte do sujeito passivo da obrigação, o cumprimento da *prestação*, o sujeito ativo, sob pena de *prescrição* da sua *pretensão*, a qual se encontrava latente, deve promover a execução coativa.

Aqui, está a *actio nata*, na sua versão *objetiva.*

3.1.1.1 O Direito subjetivo de crédito: exercício e extinção

É, assim, considerado, o *direito subjetivo*, como o conjunto de *faculdades*[113] que a ordem jurídica outorga a uma pessoa para agir.

Essas *faculdades* são variáveis, conforme seja o objeto da *relação jurídica* em que se insere a prerrogativa, mas, uma há, que se encontra presente em todos os *direitos subjetivos*, a *faculdade de gozo.*

Afirme-se, pois, que é inerente ao *direito subjetivo* o seu *exercício*, pelo respectivo titular e, quando já lhe é suscetível desse *gozo*, a prerrogativa, diz-se que há o *direito*,

---

113. - cf. Santi Romano, *Fragmentos de un diccionario jurídico* Trad. de Santiago Sentís Melendo y Marino Ayerra Redín. Buenos Aires: Ediciones Jurídicas Europa-América 1964, p.301 e segs. - para quem não há univocidade relativamente à palavra faculdade.

é *adquirido*, porque esta *situação jurídica* difere daquela *situação preliminar* denominada *expectativa de direito*, na qual não há *gozo*.

ORLANDO GOMES[114] distingue entre *gozo* e *exercício* dos direitos porque a capacidade de *gozo* tem-na, indistintamente, todas as pessoas por ser expressão da *personalidade*, mas, a pessoa pode ter o *gozo* de todos os seus direitos e ser *incapaz* de *exercê-los* por si.

O *exercício* pode exaurir o direito. Há, porém, direitos com duração ilimitada, isto é, enquanto durar o titular; por exemplo, alguns direitos inerentes à pessoa, que são *intransmissíveis* e *desaparecem* quando ela se finda.

Aqui, já se vê que há *influência do tempo* sobre o *exercício* dos *direitos subjetivos*, valendo ressaltar a inexistência de direitos "*per omnia secula seculorum*".

CLÓVIS BEVILÁQUA,[115] ao lembrar que são elementos constitutivos do direito: o sujeito, o objeto e a proteção legal, diz que a ausência de qualquer desses elementos ou de todos eles, extingue-o; e destaca os modos gerais pelos quais, afinal, essa extinção ocorre: renúncia, perecimento do objeto, *prazos extintivos* e *prescrição*.

O objetivo deste estudo contempla, apenas, os dois últimos modos dessa lista: a *extinção dos prazos* assinados à duração do *exercício* do direito e à *prescrição* da *pretensão*.

Àquele modo de extinção do prazo para esse *exercício*, conhece-se como *decadência* ou *caducidade* do direito.

A *prescrição*, sempre, foi regulada pelo direito positivo pátrio,[116] enquanto a *decadência* é, de início, resultante de

114. - cf. *Introdução ao direito civil*, 22ª ed. ob. cit. p. 99.

115. -cf. *Teoria Geral do Direito Civil*, atualizada por Achilles Bevilaqua e Isaias Bevilaqua - 7a. ed. Rio de Janeiro: Editora Paulo de Azevedo Ltda., 1955, p. 263.

116. - cf, por exemplo, arts.161 a 179 do Código Civil, texto de 1916. Embora, antes

construção *doutrinária* e *pretoriana*, situação típica da elaboração do direito no sistema continental europeu, sistema do *civil law*.

Contudo, há autores[117] que vislumbram a disciplina de *prazos de decadência* nas disposições do Código Civil que, no texto de 1916, regulavam a *prescrição*.

Cite-se, por todos, o próprio autor desse texto de Código, CLÓVIS BEVILAQUA, que entendia ser de *caducidade* o prazo para anulação do casamento, porque, arrimado em FADDA e BENSA, afirma que proposta a ação dentro do prazo, subtrairia o direito à ulterior *decadência* e concluía: se o caso fosse de *prescrição*, estaria esta, apenas, interrompida.[118]

Já se vê que há dificuldade em distinguir as duas categorias, também, pelo que foi exposto supra.[119]

É do próprio CLÓVIS a assertiva de que a Doutrina, então, não era firme e clara nesse domínio, porém, ele entendeu que era fora de dúvida a diferença; apoiando-se em HUC, insistia: o princípio fundamental da *decadência* é a perda de uma faculdade, de um direito ou de uma ação resultante, unicamente, da expiração de um termo extintivo,

---

desse texto de 1916, pouca importância era-lhe dispensada: basta examinar o famoso texto de Ribas, dr. Antonio Joaquim. *Curso de direito civil brasileiro*. 4ª ed. Rio de Janeiro. Jacintho Ribeiro dos Santos, 1915, p.261, no qual há referência, apenas, de que os direitos podem ser extintos pela prescrição. E só!

117. - cf. Leal, Antônio Luís da Câmara. *Da prescrição e da decadência*, 2a. ed. atualizada pelo juiz José de Aguiar Dias, Rio de Janeiro: Forense, 1959, p. 131.

118. - cf. ob. cit. p. 267.

119. - cf., a propósito, Santi Romano. *Fragmentos* ... ob. cit. p.121 e segs.: "La investigación, tan insistente y hasta ahora tan poco satisfactoria, de los caracteres diferenciales de a decadencia respecto de la prescripción extintiva, es uno de los más típicos ejemplos de cómo unos institutos de aplicación cotidiana pueden permanecer oscuros, más que para la práctica, para la doctrina, que debería iluminarlos y frecuentemente, en cambio, da de ellos definiciones turbias y peligrosas.

concedido pela lei para o *exercício* dessa ação, desse direito ou dessa faculdade.[120]

O exposto já comporta a advertência de que, para CLÓVIS, não vale a distinção, simplesmente, segundo a qual há *decadência* quando o decurso de prazo extingue o próprio direito e *prescrição* quando extingue a ação que dá provimento a esse direito, assegurando-o.

Melhor, então, conferir-lhe o pensamento ditado nas seguintes palavras: "*cumpre distinguir a* decadência *ou caducidade dos direitos, determinada pela extinção dos prazos assinados à sua duração, da* prescrição*; porque as regras a que obedecem os dois institutos são diferentes, embora entre ambos haja consideráveis analogias*".

A *prescrição*, como se verá em seguida, *é um prazo que ou tem o início impedido* de sua contagem, ou esta contagem é passível de *suspensão* ou de *interrupção*; ela, a *prescrição*, é *consequência da inércia do titular do direito* em reagir ao descumprimento da *prestação*.

A *decadência* ou *caducidade* resulta, simplesmente, do decurso do tempo, porque o direito já nasce com esse destino de extinguir-se, num lapso limitado de tempo, se dentro dele não for posto em atividade.

A *prescrição*, nesses termos, é *não uso da propriedade defensiva durante um determinado espaço de tempo, permitindo-se, com essa inércia, que se realizem e consolidem fatos contrários ao direito do negligente, e, para destruí-los, ter-se-ia de lançar a perturbação na vida social, que já repousa tranquila sobre esses novos fundamentos, ou já tem neles elementos de vida, de que se não pode despojar sem dilaceração.*[121]

---

120. - cf. ob. cit. p. 266.

121. - cf. Clóvis. ob. cit. p. 266.

Enfim, na linha desse pensamento, a *decadência* consiste em um prazo legal extintivo do direito, pelo seu simples decurso e fixado quando a norma deu nascimento a esse direito.

Portanto, o direito nasce com prazo pré-fixado para ser gozado pelo seu titular; se tal não acontece ele se exaure, automaticamente, no seu termo final.

Decadência é prazo extintivo de *direito subjetivo* em razão da inércia do seu titular em *exercê-lo* no tempo assinado.

A *prescrição* consiste em um prazo legal assinado para que o titular de um *direito subjetivo* — já constituído, já adquirido — faça uso de todos os modos necessários à sua *efetivação*, por isso, é que há *prescrição* da *pretensão* e não da ação.

A ação pode até ser proposta, mas a postulação, nela formulada, sê-lo-á por quem perdeu o *poder* (*pretensão*) de exigir a *prestação* que deixou de ser satisfeita pelo demandado. Consequentemente, se o *prescribente* não a arguir ou o juiz, circunstancialmente, não a declarar de ofício, a ação prosseguirá.

Há prazos legais de *perempção* em ação, nas quais se confundem com uma *decadência* de direito "de caráter semelhante".

A *perempção* tem os efeitos da *decadência* e da *prescrição*, no sentido de que, em forma similar, resulta na extinção de uma prerrogativa, porém, relativamente à de praticar um ato dentro do processo; de modo a que a parte não praticou o ato componente do *procedimento*, no prazo assinado. Caracteriza-se, enfim, a *perempção* pela perda da prerrogativa, unicamente, *processual* de praticar ato cabível *típico* de um *procedimento em matéria processual.*

Muito se discutiu, por exemplo, sobre a natureza dos prazos extintivos da "lei de luvas"[122] nas ações renovatórias de aluguel para fins comerciais.

Ter-se-ia evitado a discussão, se se observasse o critério aqui revelado.

O trabalho clássico da literatura jurídica brasileira, o de CÂMARA LEAL:[123]

a) - indica três traços diferenciais entre as duas categorias de *prescrição*: a *aquisitiva* e a *extintiva*, quais sejam as diversidades de objeto, condições e efeitos e

b) - descreve os elementos constitutivos ou condições elementares da *prescrição*

Buscam-se, aqui, contudo, os traços diferenciais entre a *prescrição extintiva* e a *decadência*, tais são:

> - a *decadência* extingue, *diretamente*, a possibilidade de *exercício* do *direito subjetivo* e, com isto, extingue-se, em decorrência a *pretensão* que *garante*, mediante a ação judicial, a proteção jurisdicional;
>
> - o *início do prazo decadencial* é o momento em que o direito nasce em razão da ocorrência do fato jurídico seu propulsor; o *prazo prescricional* tem início no momento em que o direito, *já constituído*, é *violado*, *ameaçado* ou *desrespeitado* por causa do descumprimento da *prestação* pelo sujeito passivo e, nessas circunstâncias, o sujeito ativo não intenta, no prazo, a ação judicial respectiva.
>
> -a *natureza do direito que se extingue*: a *decadência* supõe um direito já *nascido*, mas, anda não efetivado, através da tempestiva falta de *exercício*, no prazo assinado; a *prescrição* supõe um direito *nascido* e *efetivado*, mas que a *pretensão* pereceu pela falta

122. - Decreto nº24.150, de 20 de abril de 1934 que disciplinava os contratos de locação de imóveis destinados a fins comerciais e industriais. Foi revogado pela lei nº8.245, de 18 de outubro de 1991.

123. - cf. ob. cit. ps.17 a 129.

de proteção mediante a *garantia* conseguida através da ação judicial contra a ofensa sofrida.

- O *objeto* da *decadência* é o *exercício* do *direito subjetivo* que, por determinação da norma legal ou contratual, já nasce subordinado à *condição* desse *exercício* em lapso de tempo pré-fixado; o *objeto* da *prescrição* é a extinção da *pretensão* que legitima, pela via da execução coativa, a *exigência* da *prestação* não cumprida, portanto, pela via da ação judicial.

- O *efeito* da *decadência* não é, propriamente, extinguir o *direito*, mas, sim, deslegitimar o seu *exercício*; é a *nulidade* desse exercício, se decorrido o prazo para essa sua realização.

Contudo, no caso do *direito subjetivo de crédito*, se inexistir a possibilidade de *gozo*, por perda do respectivo prazo, mas, se o devedor cumprir a *prestação*, corre em favor do credor a *soluti retentio* e, contra esse devedor, a proibição de *repetição*. Aqui, não ocorre *nulidade*.

- O *efeito* da *prescrição* é a perda da *pretensão*.

Os elementos constitutivos da *prescrição* ou condições elementares são listados por CÂMARA LEAL:

I) - existência de uma ação exercitável (*actio nata*);

II) - inércia do titular da ação pelo seu não exercício;

III) - continuidade dessa inércia durante um certo lapso de tempo;

IV) - ausência de algum fato ou ato, a que a lei atribua eficácia impeditiva, suspensiva ou interruptiva do curso prescricional.

Observe-se, porém, que, às vezes, o "direito atribuído ao titular consiste precisamente em torná-lo efetivo por meio da ação judicial", razão porque ocorre a situação suprarreferida das ações renovatórias ou a das ações de anulação de casamento, nas quais os prazos de *decadência* e de *prescrição* superpõem-se.

A conclusão é a de que a *decadência* não extingue o direito, mas, sim, a possibilidade de ele ser constituído, após o prazo que a fonte normativa reservou para tanto, por isso, se o seu titular efetivá-lo fora desse prazo e não houver resistência do devedor, ocorre para este a supramencionada impossibilidade de *repetição* e, para aquele, o direito retenção (*soluti retentio*).

Tomados esses critérios, pode-se deslindar, como se fará adiante, a *contagem* de *prazos* de *decadência* e de *prescrição tributárias* estabelecida pelo Código Tributário Nacional, inserindo-a no contexto do conceito dessas duas categorias, respeitadas as peculiaridades da disciplina normativa de alguns dos *elementos* da obrigação tributária, no sistema desse Código.

Perfilha-se, aqui, o que hoje se denomina de *teoria dualista da obrigação,*[124] que busca explicar, modernamente, a *estrutura* do *vínculo*, na qual se distingue, no seu conceito, os de *debitum* e *obligatio*.

O *debitum* ou, em alemão, *schuld* nasce e se manifesta desde o momento da formação da obrigação, enquanto que a *obligatio* ou, em alemão, *haftung*, embora, também nasça naquele momento, somente manifesta-se na hipótese de inadimplemento da *prestação*.

Aquele — o *debitum* — é o *dever de prestar* que constitui o lado passivo da obrigação; logo que surge o *direito subjetivo de crédito*, da titularidade do sujeito ativo.

Aquela — a *obligatio* — é a *responsabilidade* patrimonial do devedor, quando este não cumpre a *prestação*, (o *dever de prestar*) tornando-se uma *garantia* para o credor incluída entre as consequências da *responsabilidade*, consistindo, assim, em um dos meios coativos, de natureza

---

124. Para um estudo da teoria dualista, cf. Comparato, Fábio Konder. *Essai d'analyse dualiste de l'obligation en droit privé*. Paris: DALLOZ, [s.d.]. ps.11 e segs.; Gomes, Orlando. *Obrigações*. Coordenador e atualizador Edvaldo Brito. 19 ed. Rio de Janeiro: Forense, 2019. p.12-13.

processual, que, modernamente, a ordem jurídica assina ao titular da prerrogativa de exigir a *prestação*.

A destrinça dessa *relação jurídica obrigacional* revela-se, no plano da Lógica:[125]

N_P END.	N_S PERI.
Hip. ———— F Cons. ———— $S'R_D\,S''$	Hip. ———— $F'\,(R_D)$ Cons. ———— $S'R_D'S''$
Relação de débito (Schuld/debitum) • A Fazenda exige do contribuinte • A *decadência* extingue esta relação	Relação de responsabilidade (Haftung/obligatio) • A Fazenda exige do Poder Judiciário • A *prescrição* como consequência do descumprimento de N_P (norma primária) • A *prescrição* extingue esta relação

S" ≠ S'''

São relações diferentes

LEGENDAS:

N_P = norma primária	NS = norma secundária
Hip. = hipótese	Hip. = hipótese
Cons. = consequência	Cons. = consequência
F = descrição do fato	F' = descrição do fato
END. = endonorma	PERI. = Perinorma
S'= sujeito ativo	S'= sujeito ativo
S" = sujeito passivo	S'''= sujeito passivo (Poder Judiciário)

Assim, impõe-se analisar que a *obrigação*, no Direito contemporâneo, passou a ser *objeto* de uma relação jurídica *pessoal-patrimonial*; ou seja, a *obrigação*, quando do inadimplemento da *prestação*, não se executa sobre o próprio corpo do devedor, mas, sim, sobre o seu *patrimônio*, por isso, não há a *prisão por dívida* e mesmo a *prisão* de

125. cf. VILANOVA, Lourival. *As estruturas lógicas e o sistema do direito positivo*. São Paulo: Revista dos Tribunais, EDUC, 1977. p. 103.

natureza *civil* por *dívida* é excepcional e, em regra, tem sede constitucional a sua "*facti species*".[126]

Essa transformação é inspirada no princípio da solidariedade social que, a partir do meado do século XIX, prevaleceu, por influência das ideias *sociais*, sobre as do *individualismo* puro, dando guarida à "tese da proteção social dos mais fracos, destinada a corrigir as consequências desumanas do liberalismo jurídico: favorecendo o empregado em relação ao empregador; *o devedor em relação ao credor*; o inquilino em relação ao senhorio; a vítima em relação ao autor do dano ou ao seu responsável indireto; o consumidor em relação ao fornecedor".[127]

Desloca-se, também, a tônica da *prestação*, que deixa de ser o único aspecto da *obrigação*, para a da *pretensão*.

ORLANDO GOMES[128] lembra que se deve a WINDSCHEID a formulação do *conceito pretensão*, em 1856.

> Considerando-se que se entende por *pretensão* o *poder jurídico* do *credor* de exigir a *prestação*, mediante uma *ação judicial*, quando, espontaneamente, este *dever* não é cumprido;
>
> Considerando-se que, nessa hipótese, ocorre a *obligatio* ou *haftung*, mediante a manifestação da *responsabilidade*, pela qual o *patrimônio* do devedor sujeita-se aos desígnios do credor;

pode-se formular a seguinte noção de *obrigação*, face à sua estrutura no Direito moderno: *um vínculo jurídico pelo qual uma pessoa, que se chama* devedor, *fica adstrita a*

---

126. - cf. o inciso LXVII do art. 5º da Constituição: Não haverá prisão civil por dívida, salvo a do responsável pelo inadimplemento voluntário e inescusável de obrigação alimentícia e a do depositário infiel.

127. - cf. Dantas, San Tiago. *Evolução do direito contratual,* in. Problemas de direito positivo - estudos e pareceres. Rio de Janeiro: Revista Forense, 1953. p. 21.

128. - cf. *Introdução ao direito civil,* 22ª ed., ob. cit. p.104 e segs.; Espínola, Eduardo et al. *Tratado de direito civil brasileiro.* Vol. IX – Dos direitos subjetivos. Rio de Janeiro/ São Paulo. Livraria Editora Freitas Bastos. 1941, p.504 e segs. Windscheid, Bernardo. *Diritto delle pandette.* Traduzione dei professori Carlo Fadda e Pablo Emiio Bensa, volume primo. Torino. Unione Tipografico-Editrice Torinese. 1930, p.121 e segs.

satisfazer uma prestação *de conteúdo patrimonial do interesse de outra, que se chama* credor, *titular de um direito subjetivo de crédito, forrado pela* pretensão, *o qual pode exigi-la, se essa* prestação não for cumprida, espontaneamente, fazendo-o através de uma ação judicial pela qual se venha a submeter o patrimônio do devedor *aos desígnios do* credor.

Vê-se que, estruturalmente, a *obrigação* é idêntica para qualquer relação jurídica que a tenha por *objeto*.

Logo, o *tributo* — *prestação* pecuniária — sendo o *objeto* de uma *obrigação* — a obrigação tributária — esta guarda as propriedades que tem qualquer outra categoria dessa natureza.

As dúvidas surgem, porém, em razão de alguns equívocos resultantes da posição de excelência reconhecida pela ordem jurídica a um dos sujeitos: o sujeito ativo da obrigação tributária.

Eliminam-se esses equívocos, contudo, retomando-se a análise das considerações, anteriormente, esboçadas sobre a *relação jurídica tributária* para verificar que se trata, efetivamente, de uma *relação jurídica obrigacional* e não de uma *relação* onde reside mero *poder* contrastando, somente, com mera *sujeição*.

Os equívocos vêm de longe, calcados pela Doutrina dos tempos em que *sujeito passivo* era considerado *súdito* e não *cidadão*, tema que se torna interessante:

- na medida em que autores, como OTTO MAYER, também, apontam para uma *obrigação geral de obedecer* do indivíduo que, na realidade, não seria mais do que uma paráfrase da qualidade de *súdito*. Esta *obrigação* dividir-se-ia em *obrigações especiais*: obrigação de fidelidade, de *pagar os impostos*, de prestar serviço militar, etc.;[129]

---

129. - cf. *Le droit administratif allemand*, tome premier - partie générale, Paris: V. Giard& E. Briere Libraires Editeur, 1904 p.134.

- na medida em que, outros autores, como MICHEL VILLEY e GIOVANNI PUGLIESE, discutem sobre a existência ou não de *direito subjetivo*, como um conjunto de *faculdades* de agir do indivíduo, desde o Direito Romano.[130]

Por certo que a evidência das palavras com as quais se invocou, linhas acima, a evolução contratual como uma demonstração da proscrição do autoritarismo nas relações sociais a que a ordem jurídica atribui efeitos, serve para fundamentar que a qualidade de *súdito* a que alude OTTO MAYER é insustentável no mundo de hoje, quando a maioria dos *Estados* tem a forma *democrática de direito* para caracterizar o exercício do *poder*.

Consequentemente, tenha ou não razão VILLEY, aceite-se, colhido do seu magistério, que o nascimento do novo *conceito direito subjetivo* ocorre, pelo menos, no sec. XIX.

Daí, em diante, a *relação social*, à qual a *ordem jurídica* atribuir o efeito de a pessoa ter a prerrogativa de exigir de outra uma *prestação*, aferível, *patrimonialmente*, tem de ser uma *relação jurídica obrigacional*.

Insiste-se, em razão do exposto, que não há fundamento jurídico para a *criminalização* do direito tributário, no caso de *inadimplemento* da *prestação*, por causa dessa sua *natureza obrigacional*, de resto, determinada pela Constituição.[131]

Inadimplir não é *ilícito* de natureza *criminal*.

---

130. - cf. Villey, Michel. *Leçons d'histoire de la philosophie du droit*, nouvelle édition, Paris: Dalloz, 1977. p.167 e segs. e *Philosophie du droit - I, définitions et fins du droit: I. définitions et fins du droit*. Quatrième édition. Paris: Dalloz, 1986. p.134; PUGLIESE, Giovanni. *Res corporales, res incorporales e il problema del diritto soggettivo*. Revista Quaestio Iuris, v. 11, n. 3, 2018. p. 1977–2008.

131. - cf. alínea "b" do inciso III do seu art. 146.

Certo é que essa *patrimonialidade* tem sido posta em dúvida.[132] Contudo, esse aspecto não chega a ser, propriamente, um *requisito*, mas, sim, um *pressuposto*, pois somente se poderá chamar de *prestação*, *objeto* de uma *obrigação*, àquele comportamento (*ação* ou *omissão*) do devedor, aferível *economicamente*.

O rigor devido aos *conceitos jurídicos*, que se *categorizam*, torna impossível aceitar que uma situação desprovida dessa natureza *patrimonial* seja considerada como *obrigação*: um *objeto* não pode *ser* e *não-ser*, ao mesmo tempo, ensina a Lógica.

O argumento reside em que a *patrimonialidade* não seria essencial, como pressuposto da *prestação*, porque existiriam *prestações* sem conteúdo econômico.

Essa dúvida decorre da confusão que se faz entre a *prestação* em si e o *interesse* do credor.

Repita-se, por necessário: a *prestação*, em si, não pode deixar de ser aferível *economicamente*, porque não há *obrigação*, como *vínculo* jurídico entre pessoas em polos distintos (ativo = titularidade de direito de crédito; passivo = satisfação desse direito), onde o conteúdo da *prestação* seja desprovido dessa *patrimonialidade*, mesmo que decorra de direito extrapatrimonial.

Pois bem: o *vínculo*, que a *ordem jurídica* faz nascer, disciplina entre sujeito ativo da *relação jurídica tributária* e o sujeito passivo, tem todas essas *propriedades* existentes na *obrigação*, as quais MAZEAUD & MAZEAUD resumiram assim:

1ª - a obrigação é um vínculo de direito,

2ª - de natureza pecuniária,

---

132. - cf. Borges, José Souto Maior. *Obrigação tributária - uma introdução metodológica*. São Paulo: Saraiva, 1984. p. 67/75.

3ª - entre pessoas.[133]

Chega-se a essa síntese feliz.

Dadas essas características da *obrigação*, no mundo contemporâneo, pense-se, agora, na *obrigação tributária*; repetindo-se: ela, *estruturalmente*, não se distingue de qualquer outra *obrigação*.

Ela é esse mesmo *vínculo* que une polos subjetivos, ativo e passivo, tendo a *prestação*, natureza *patrimonial*.

Então, pode-se dizer, que na *obrigação tributária*, o sujeito ativo, também tem *pretensão*, porque é assim que se chama a prerrogativa atribuída a esse do sujeito para exigir *prestação* não cumprida.

3.1.1.2 A pretensão

O sujeito ativo é, portanto, titular de uma *pretensão* que — em linguagem de WINDSCHEID — é o próprio *direito subjetivo* dirigido contra outra pessoa, porque *pretensão* é o *poder jurídico* que tem o credor de obter, judicialmente, a satisfação do seu *direito subjetivo de crédito*, conseguindo a *prestação* do devedor.

Este *poder jurídico* não é exercido, diretamente, pelo credor na hipótese de inadimplemento da *prestação*.

A *ordem jurídica* não legitima a Administração — também, como, igualmente, não legitima a qualquer outro credor — a agir, diferentemente exercendo, diretamente, esse *poder jurídico*.

Nem mesmo por força do gozo da *presunção de legitimidade* dos atos praticados pela Administração, que conduz ao "*privilège du préalable*" a que se reporta a Doutrina francesa, o qual consiste em a Administração poder agir,

133. - cf. *Lecciones de derecho civil* - parte segunda - volumen I, trad. de Luis Alcalá-Zamora y Castillo. Buenos Aires: Ediciones Juridicas Europa-America, 1978 p. 11.

em termos de execução, sem o prévio pronunciamento jurisdicional; ao contrário do particular que, sempre, necessita desse pronunciamento para a executoriedade dos seus atos perante a esfera jurídica de outrem.

Assim, a *pretensão* é forrada pelo que, em relação obrigacional, denomina-se de *garantia*, que consiste na circunstância de o credor proteger-se, buscando, do Estado-juiz, a segurança para o exercício desse *poder*, pois, não se "faz justiça com as próprias mãos".

O Estado tem o monopólio da *jurisdição*; o Estado tem o monopólio da solução de conflitos, porque lhe incumbe compor lides, inclusive, aquelas em que a Administração Pública contende.

A essa característica da *obrigação*, no mundo contemporâneo, não foge, também, a *obrigação tributária*, porque o titular do *direito subjetivo de crédito tributário*, que a integra, é a Administração Pública Tributária submetida, também, a essa *jurisdição* porque, no particular, os seus atos, também, não gozam de *autoexecutoriedade*.

Consequentemente, no inadimplemento da *prestação*, a Administração Tributária, que é o segmento da estrutura do Estado, a quem incumbe a gestão dos tributos, não pode ter a *autoexecutoriedade* que é típica do ato administrativo.

A lógica está em que a Administração Tributária *exerce*, nessa *atividade*, um *direito potestativo* e terá, assim, de submeter-se à manifestação da *jurisdição*, a fim de que esta, que não é *parte*, possa dirimir dúvida que, porventura, exista, decorrente da alegação de incorreção desse *exercício*.

Enfim, a sua *pretensão* tem de ser deduzida perante o juiz, porque a *relação jurídica tributária* é presidida pelo *princípio da legalidade*, além de guardar a sua *natureza* de *relação obrigacional*.

3.1.2 O objeto da obrigação

3.1.2.1 A prestação

3.1.2.1.1 A forma da prestação

3.1.2.1.2 O tributo: objeto da prestação

Mostre-se, agora, a relação jurídica obrigacional, pelo lado passivo.

O sujeito passivo tem um *dever jurídico* a cumprir, ao qual se denomina de *prestação* e o qual tem conteúdo *patrimonial.*

Mas, em que consiste essa situação a qual se denomina de *prestação*?

Consiste no *comportamento do devedor.*

Esse *comportamento* será *positivo*, ou seja, uma *ação* correspondente a um *dar* coisa ou a um *fazer* coisa; será *negativo* quando corresponder a uma *omissão.*

A *prestação* é, efetivamente, o *objeto da obrigação.*

Lembre-se: a *obrigação* tem *elementos*: sujeitos e objeto; tem *fato* propulsor da *relação jurídica obrigacional.*

O *objeto* da *obrigação* é este: a *prestação*, a qual, por sua vez, tem, também, um *objeto* que, no caso tributário, é o *tributo.*

Então, poder-se-á ter a seguinte fórmula: a *obrigação* tem um *objeto*. Esse *objeto* é a *prestação*, ou seja, a *conduta* ou o *comportamento* do devedor que terá de ser ou *dar* coisa do mundo material; ou *fazer* coisa, isto é, o desempenho de uma atividade; ou um *não-fazer* coisa.

Fazer e *não-fazer* são, meramente, *procedimentais.*

Mas, o *dar* importa em uma *tradição* de algo do mundo físico.

A *prestação*, por sua vez, também, tem um *objeto*.

E, dessa fórmula, pode-se cunhar uma frase: *existe um objeto do objeto da obrigação.*

O *objeto* do *objeto* da *obrigação* é o *objeto* da *prestação*.

Feita essa distinção, esclareça-se que esse *comportamento* ou essa *conduta* do devedor é a *forma* de uma *prestação*; é a maneira pela qual o devedor *compromete-se* em cumprir o seu dever, quando a *obrigação* tem como *fonte mediata* o *contrato* (obrigações *contratuais*); ou pela qual a *lei* estabelece outra *fonte mediata*, que não o *contrato*, a exemplo ou das obrigações *delituais*, ou das obrigações *reais*.

Tal não se confunde com o seu *conteúdo*.

Conteúdo é o objeto da *prestação*; ou seja, o instrumento com o qual o devedor vai *proceder* para satisfazer o credor. Se alguém se compromete a *dar* a outrem um automóvel, a *forma* da *prestação* é *dar* (*entregar* ou *restituir*); o seu *conteúdo* é o automóvel.

Aqui, pode falar-se em *dívida de valor*.

Se, ao contrário, fosse *moeda*, no lugar do automóvel, a *obrigação* teria uma *prestação* de *dar*, mas, a *dívida* seria chamada de *dinheiro*, como o é, *principalmente*, a da *obrigação tributária*, cujo *objeto* da *prestação* é o *tributo*.[134]

---

134. - cf. sobre o tema: Brito, Edvaldo. *Reflexos jurídicos da atuação do estado no domínio econômico* 3ª ed. São Paulo: SaraivaJur, 2022, p.125 e 130. Ascarelli, Tullio. *Problemas das sociedades anônimas e direito comparado*, 2ª ed., São Paulo. Saraiva, 1969, p. 169. Também, *Obbligazioni pecuniarie* – Art. 1.277-1.284, Ristampa della prima edizione, Bologna, Nicola Zanichelli Editore, Roma, Soc. Ed. del Foro Italiano, 1968, p. 95-182 e 441-555.

Diz-se, *principalmente*, considerando a alternativa contida no art. 3º do Código Tributário Nacional, *ou cujo valor, na moeda, possa-se exprimir.*[135]

3.1.2.1.3 A forma da prestação

Já que a *prestação* consiste em um *comportamento* do devedor, este (*comportamento*), somente, poderá ser uma das situações seguintes: ou é uma *ação* ou é uma *omissão*.

Se se trata de uma *ação*, significa que o *comportamento* do devedor é o de *agir*. Se se trata de uma *omissão*, o *comportamento* é o de *não agir*, porque, nesta hipótese, se ele *agir*, descumpre a *prestação*.

Assim, a ordem jurídica, também, revela que esse *agir*, somente, pode ser manifestado, expresso, por uma dessas duas situações: *dar* coisa ou *fazer* coisa:

> - no primeiro caso, o devedor está *dando* coisa do mundo material, do mundo físico;
>
> - no segundo caso, o devedor está comprometendo-se a *elaborar*, a *preparar* coisa do mundo material, utilizando-se de um saber *pessoal* ("*intuitu personae*") ou *impessoal*; ainda que, ao terminar de *elaborar* essa coisa, ele, nas aparências, se comporte como se estivesse na hipótese anterior: *dando* a coisa. Ou seja, quando ele conclui a *elaboração* da coisa, evidentemente, irá passá-la, fisicamente, para o credor, que, na realidade, espera que ela esteja infestada pelo *saber*, objeto efetivo da *prestação*.

O *dar* a coisa ao credor ou *entregar* a coisa que o devedor se comprometeu a *elaborar* para o credor; nesse segundo caso, tem a aparência da primeira situação; mas, com ela não se confunde porque, na primeira situação, o devedor compromete-se a *dar* coisa e, na segunda, a *elaborar* e, nesta segunda, — mesmo resultando, da *elaboração*, algo

135. - cf. p. 111 infra.

físico — o que está na *prestação* é a *técnica* do devedor; é a sua capacidade intelectual.

Neste caso, o de *dar* coisa, é necessário verificar se, essa coisa pode ser *certa* — assim considerada, quando *todos* os seus caracteres estão revelados no título da *obrigação*.

Todos, sem exceção. *Inconfundíveis*.

Ou pode ser coisa *incerta*; hipótese em que deverá ser identificada, pelo menos, quanto ao *gênero* e *quantidade*. E, neste caso, nem todos os caracteres estão revelados.

Esses dois aspectos não podem deixar de ser revelados, quando a coisa é *incerta*: o *gênero* e a *quantidade*. Ex.: uma saca de cereal; *gênero*: cereal; *quantidade*: 1 saca. Já a qualidade desse cereal poderá ser milho, feijão ou arroz. Será objeto de determinação no momento de cumprir a *prestação* ou em outro momento estipulado, quando se transformará esta *obrigação*, que, até, então, é *genérica*, por ser a coisa *incerta*, numa obrigação *específica*.

Quando for assim, mas, se tratar de uma *obrigação* do tipo *alternativa*, então, o momento será o da *concentração do débito*, ou seja, quando se fizer a *escolha* do objeto alternativo e transformar, portanto, a *obrigação alternativa*, porque tinha várias *escolhas* a fazer-se, em uma *obrigação* de *dar coisa certa*.

Por isso, é que a *obrigação alternativa*, quando é feita a *concentração do débito,*[136] ela passa a ser uma *obrigação* regida pelas regras das *obrigações* de *dar coisa certa*.

Seja *dar coisa certa*, seja *dar coisa incerta*, o *comportamento* do devedor é revelado ou por uma *entrega*, ou por uma *restituição*.

---

136. - *concentração do débito* consiste no ato de escolha de uma, entre as alternativas, a fim de, com ela, satisfazer o credor.

Trata-se de *entrega*, quando a coisa é da titularidade do devedor e ele se compromete a transferi-la para o credor. Exemplo: o objeto de uma compra e venda.

Se, ao contrário, a coisa é da titularidade do credor e estava em poder do devedor, trata-se de *restituição*. Exemplo: quando o proprietário de um livro o passou para alguém encaderná-lo, o devedor, por via de consequência, faz o livro retornar, *restituindo-o*, porque a coisa é, originariamente, do credor.

Examine-se, doravante, a outra situação, que implica, também, uma ação: *fazer* coisa ou *elaborar* coisa.

Aqui, a *ordem jurídica* disciplina essas distintas situações representadas por um *fazer* que é *pessoal* ou por um *fazer* que é *impessoal*.

A *prestação*, no *fazer pessoal* é "*intuitu personae*".

Ela é própria, é típica do mister daquele devedor.

Se se contrata um pintor para *elaborar* um quadro ornamental, somente serve o quadro feito por ele, e não o que for feito pelo seu filho, sua mãe ou sua mulher. Não servirá o quadro feito por qualquer outra pessoa.

Se ele, por exemplo, perder as mãos, entra em cogitação o problema da *culpa*, para o efeito de liberá-lo ou não da reparação ao credor pela impossibilidade de cumprimento da *prestação*.

Já no *fazer impessoal*, a *ordem jurídica* permite até a substituição do devedor, às suas expensas, dependendo, também, de como se apure a *culpa*.

Por todo o exposto é necessário distinguir *prestações* pessoais, *por natureza*, de *prestações* pessoais, *por acordo de vontade*, por contrato, portanto, negocial.

O tipo de *prestação*, no primeiro caso, somente pode ser satisfeita por aquela pessoa, não há possibilidade de ser por outra; no segundo, qualquer outra pode desincumbir-se, porque a *personificação* é somente *negocial* e não *por natureza.*

Por fim, o último *comportamento* possível para o devedor: a *omissão*, o *não fazer*.

Consiste ou em *abstenção*, ou em situações de *tolerância*.

Ou o devedor *abstém-se* de praticar atos. Exemplo: um empregado que celebra contrato de trabalho, do qual conste uma cláusula restritiva de manter relação de trabalho com empregador da mesma atividade, ao extinguir-se a obrigação.

Ou, então, a hipótese da *tolerância*: alguém se torna um devedor desse tipo, se se comprometer a suportar, a *tolerar* sem reagir, a prática de atos por parte do credor. Isso é típico das chamadas *obrigações* reais, *in rem, ob rem, propter rem*, do tipo *ambulatórias*, nas quais a *prestação* acompanha a situação de *domínio* ou a de *posse*: o devedor/vizinho que tem de suportar as águas caídas no telhado do vizinho, jogadas, no seu, pelo telhado desse seu confinante. Nestes casos, a *fonte mediata* está implícita na situação que figura a aquisição do *domínio* ou da *posse*.

É preciso não confundir essa situação com aquela que corresponde à das *fontes* (a imediata ou a mediata), porque a lei é fonte de qualquer obrigação. A lei que for *fonte imediata* das obrigações *reais* difere das outras hipóteses normativas, apenas porque limita as circunstâncias em que tais obrigações medram, mas, não faz com que elas nasçam, diretamente, da norma legal.

Nelas, por conseguinte, a lei descreve a própria *prestação*, caracterizando-a; contudo, somente o *fato* de adquirir o domínio ou a posse é que produz efeitos de *fonte mediata*. As hipóteses normativas sobre elas são "*numerus clausus*", não ensejando que as ações humanas modifiquem as características descritas.

Portanto, a *fonte mediata*, dessas *obrigações reais* continua sendo um *fato*, por exemplo, o *fato* de alguém ter comprado um imóvel, no qual já está caracterizada a *prestação*, nos termos descritos na lei.

Essas *obrigações* que têm como *comportamento* uma *omissão*, são chamadas de *obrigações de não fazer*, em comparação com as de *ação*, que são chamadas de *fazer*.

Mas, se a *prestação* é um comportamento do devedor: *agir; não agir; agir dando coisa certa ou incerta; agir fazendo coisa, pessoal ou impessoalmente considerada; dar coisa certa ou incerta, caracteristicamente entregando ou restituindo...* Se isto é que significa a *prestação*, então, qual é o instrumento, o elemento, a maneira, mediante a qual o devedor ou *age* ou se *omite*? Esse instrumento é, tal como anunciado supra, o *objeto* da *prestação*.

3.1.2.1.4 O tributo: objeto da prestação

Transportando esses enunciados para o campo tributário, conclui-se que o *objeto* da *obrigação tributária* é ora uma *ação*, tanto um *dar*, como um *fazer* e ora é uma *omissão*, ou seja, um *não fazer*, ensejando a classificação da *obrigação tributária* em *principal* e *acessória*.

O *tributo* é o *objeto* da *prestação* da *obrigação tributária principal* de *dar coisa certa* correspondente à *entrega* (*ação*) de uma soma de *moeda*.

Logo, essa *moeda* (*objeto* da *prestação*) é o instrumento com o qual o devedor desempenha a sua *ação de dar coisa certa*.

A *obrigação tributária acessória* tem como *objeto* uma *prestação* ou *de fazer* ou *de não fazer*, a exemplo, respectivamente, do dever de *fazer* escrituração de livros fiscais e de emissão de documentos fiscais ou de *tolerar* a fiscalização por parte da Administração Tributária.

Qual é a vantagem de saber isso?

É que o devedor somente se libera da *obrigação* se cumprir, *exatamente*, a *prestação*.

O cumprimento *exato* pressupõe, além, obviamente, da existência do *vínculo*, também, que o *objeto* da *prestação* seja, rigorosamente, aquele que consta do título da *obrigação*, sob pena de não haver *pagamento* que é a forma de *adimplir*, porque é um fato jurídico (ora com a natureza de ato jurídico "*stricto sensu*", ora com a natureza de negócio jurídico) pelo qual, o devedor *vinculado*, realiza a *satisfação exata da prestação*.

Essa *satisfação* ocorre mediante a *entrega* de *moeda* ou a de *valor* que nela se possa exprimir.

O Código Tributário Nacional dispõe sobre essa equivalência ao dar força liberatória ao *cheque*, à *ordem de pagamento* e ao *vale postal*, ao atribuir-lhes o condão de forma de pagamento.[137]

RUBENS GOMES DE SOUSA, com a responsabilidade de autor do anteprojeto desse Código, informa que, contra o seu voto, a formulação dessa alternativa deve-se a GIULIANI FONROUGE, a qual transforma o tributo de dívida em dinheiro em dívida de valor.[138]

---

137. - cf. art.162. O pagamento é efetuado: I - em moeda corrente, cheque ou vale postal; II - nos casos previstos em lei, em estampilha, em papel selado, ou por processo mecânico. § 1º. A legislação tributária pode determinar as garantias exigidas para o pagamento por cheque ou vale postal, desde que não o torne impossível ou mais oneroso que o pagamento em moeda corrente. § 2º. O crédito pago por cheque somente se considera extinto com o resgate deste pelo sacado. § 3º. O crédito pagável em estampilha considera-se extinto com a inutilização regular daquela, ressalvado o disposto no artigo 150. § 4º. A perda ou destruição da estampilha, ou o erro no pagamento por esta modalidade, não dão direito a restituição, salvo nos casos expressamente previstos na legislação tributária, ou naquelas em que o erro seja imputável à autoridade administrativa. §5º O pagamento em papel selado ou por processo mecânico equipara-se ao pagamento em estampilha.

138. - cf. Sousa, Rubens Gomes de. *Comentários ao código tributário nacional: Parte geral* [por] Rubens Gomes de Sousa, Geraldo Ataliba [e] Paulo de Barros Carvalho, São Paulo, Ed. Revista dos Tribunais, EDUC, 1975. p.40 e segs.

O *cheque* é uma ordem de pagamento dirigida ao Banco, depositário de *moeda* corrente da titularidade do emitente; houve tempo em que a Administração Tributária exigiu que esse título de crédito fosse "*visado*", pelo estabelecimento bancário, o que consistia em uma reserva da soma de moeda necessária ao cumprimento da *prestação*, debitando-se, de logo, do saldo da conta corrente do emitente.

O *vale postal* é, efetivamente, um instrumento de remessa de *moeda* através dos *Correios e Telégrafos*, lançado no Brasil em 1865.

A *estampilha* era um selo de forma retangular adquirido pelo contribuinte nos estabelecimentos fazendários, a fim de ser colado em documentos e livros fiscais, inutilizado mediante a colocação, sobre dito selo, da data e da assinatura.

Papel selado é um documento carimbado, pré-impresso, com um selo da Receita que ocupa toda a largura da parte superior do papel e que, muitas vezes, tem um desenho "sui generis" com o propósito de aumentar a segurança, objetivando reduzir o número de fraudes, por isso, também, tinha uma marca d'água. Serviu, amplamente, no mundo, para cobrar impostos.

O contribuinte adquiria-o, em branco, na forma regulamentar e sobre ele escrevia o negócio jurídico, ficando, desta forma, recolhido o tributo incidente sobre o fato gerador.

Foi um procedimento adotado, a partir do século XVII, em países como a Espanha, Inglaterra, Holanda, França, Índia, Estados Unidos da América, Portugal, dentre outros.

A Inglaterra, pela lei do selo de 1765, expedia de Londres o *papel selado* para as suas colônias, fato que poderia ter sido a causa das revoluções.

Portugal, sob a alegação de que passou a ser uma carga burocrática que já não justificava o seu uso, aboliu-o, a partir de 1º de janeiro de 1987, pelo Decreto-Lei nº 435 de 31 de dezembro de 1986, fazendo cessar a sua validade, desde então.

A previsão constante do Código Tributário Nacional, ainda que se encontre em desuso, legitima a sua utilização, pois, equipara o pagamento efetuado em *papel selado* ou por *processo mecânico* ao *pagamento em estampilha*.

O *processo mecânico* consiste na utilização da máquina, hoje, muito comum com os procedimentos através do computador.

ORLANDO GOMES[139] ensina que há grande interesse em distinguir os diversos sentidos da expressão *valor da moeda*, discriminando-os nos seguintes: a) – *nominal* ou *extrínseco*, qual seja o impresso na cédula ou na substância metálica; b) - o *intrínseco* ou *metálico* correspondente à qualidade e ao peso do metal em que é cunhada; c) - o de *troca* que traduz o poder aquisitivo aferido pela quantidade de bens adquiríveis com certa porção de moeda; d) - *corrente* que é o de uma moeda em relação a outra.

A alternativa estabelecida pelo Código Tributário Nacional deverá, portanto, observar essa lição e, assim, há de corresponder aos sentidos de *valor nominal* e de *valor de troca*, além daqueles estabelecidos no seu art.162, anteriormente, transcritos.

É cabível, para essa similitude, que seja *valor* exprimindo *moeda*, a *compensação de créditos tributários* com créditos de outras naturezas, da titularidade do sujeito passivo, líquidos e certos, vencidos ou vincendos

Pois bem: mostrada, então, qual é a *estrutura da prestação*, fica, evidente, tal como se verificou de referência ao sujeito ativo e sua *pretensão*, que, *estruturalmente*, o elemento subjetivo da relação jurídica obrigacional nada tem de específico a ponto de se tentar afirmar que a *prestação*, da qual o *tributo* é objeto, emprestaria à respetiva

139. - cf. *Obrigações* 19ªed. atualizador Edvaldo Brito. Rio de Janeiro: Forense, 2019, p.43 e segs.

obrigação (obrigação tributária) uma forma distinta das suas congêneres.

Reafirme-se que, também, pela ótica da *prestação*, a *obrigação tributária* é idêntica, *estruturalmente*, à obrigação jurídica de modo geral.

Reafirme-se que, *funcionalmente*, possíveis peculiaridades da *obrigação tributária* decorrem da natureza do seu sujeito ativo.

Mas, essas peculiaridades não infirmam a *estrutura* da *obrigação tributária*, como uma *obrigação* jurídica igual às demais, nem lhe criam efeitos incompatíveis com essa natureza obrigacional, no caso de *inadimplemento*.

Assim, por exemplo, a *liquidação da obrigação* que, em qualquer outro tipo de *obrigação*, é feita, em regra, por via judicial, no caso da *obrigação tributária*, é feita pelo próprio sujeito ativo, mediante o procedimento de *lançamento*.

Esta circunstância, repita-se: é mera peculiaridade que opera no plano *funcional*.

Enfim, a *prestação* nasce e, ao mesmo tempo, nasce a *pretensão*. As duas apresentam-se por etapa. A *prestação* nasce, fica *evidente*, e a *pretensão* fica *latente*.

Se, no tempo estipulado para cumprir a *prestação*, tal não ocorre, então, automaticamente, aflora a *pretensão* que estava *latente*.

Ora, o entendimento dessa *funcionalidade* é importante para compreender-se o mecanismo da *decadência* e da *prescrição*.

Lembre-se: essa *funcionalidade* típica é uma prerrogativa do sujeito ativo da *obrigação tributária*, qual seja a de *constituir* o *seu crédito* mediante o *exercício* de um *direito potestativo*.

A partir dessa circunstância, o credor — quando, no prazo certo, não for, *exatamente*, satisfeito — tem o *poder jurídico* de obter a *prestação* pela via forçada ou, em termos processuais, pela *execução forçada*.

Por isso é que os civilistas dizem que a *pretensão* se forra com o que eles chamam de *garantia*; ou seja, nasce a *pretensão* e com ela a *garantia*, isto é, a ação judicial que irá assegurar o cumprimento da *prestação*.

Aqui, encaixa-se a chamada *teoria dualista da obrigação.*[140]

Esta é uma das duas *teorias* que procuram explicar a *funcionalidade* da *estrutura* da obrigação, tal como se anunciou linhas atrás. A outra é a *monista*, a qual se preocupa, apenas, com o nascimento do direito de crédito: nasceu o *vínculo*, então, nasceu o direito de crédito e seu correspectivo *dever de prestar*. E, assim, estaria encerrada a cogitação sobre a *obrigação*.

Aqui, então, cabe a pergunta: e se o sujeito passivo *não prestar*, faz o quê? A teoria *monista* não explica.

Os estudiosos da *estrutura* da *obrigação* que formularam a *teoria dualista* afirmam que, mesmo no Direito Romano, houve essa *estrutura*, agora, estudada, porque, nem em todo tempo, a *obligatio* foi, apenas, uma relação pessoal.

A *teoria dualista* explica: nascido, pois, o *vínculo*, por via de consequência, nascidas *pretensão* e *prestação*, chega-se a outro aspecto importante da *estrutura*: é que, no *conceito* de qualquer *obrigação* jurídica, *dois outros conceitos* estão presentes, *estruturalmente*, tal como já se acentuou: o *debitum* e a *obligatio*, ou *schuld* e *haftung* ou "*obrigação*" e "*responsabilidade*".

---

140. - cf. p.14, 96 e 116.

O *debitum* é, propriamente, a relação *direito de crédito* versus *dever de prestar*. Se o sujeito passivo não cumpre esse *dever*, aflora a *pretensão* e, com ela, surge a *garantia*, por isso, também, a *obligatio*, ou seja, a *responsabilidade* que coloca, automaticamente, em submissão o *patrimônio* do devedor aos desígnios do credor.

Conclui-se lembrando que a *decadência* opera no campo do *debitum*, enquanto a *prescrição*, no da *obligatio*.[141]

Retomam-se, então, nesta altura, os temas da *decadência* e da *prescrição*.

3.2 Regras de integração do direito tributário com o direito privado

Lembre-se, também, por oportuno, que a categorização da *decadência* é uma construção doutrinária e jurisprudencial.

O que, sempre, existiu, efetivamente, no direito positivo pátrio é a categoria jurídica *prescrição*.

Pode-se imaginar, no *sistema jurídico continental europeu*, o *civil law*, a que se filia o brasileiro, a dificuldade na *integração* entre essa construção pretoriana e a da Doutrina, agora, com o direito positivo, via Código Tributário Nacional, em muitos aspectos divorciada dessa construção.

Daí é que se impõe a *integração* entre o Código Civil e o Código Tributário para serem obtidas algumas conclusões razoáveis. E naquilo em que os dois forem omissos, obviamente, há de socorrer-se dos meios de *integração* consagrados pelo *sistema* tributário nacional.

141. - cf. p. 97.

As *regras de integração* estão, no próprio Código Tributário Nacional,[142] legitimadas pela Constituição, quando esta dispõe que cabe a esse Código, como Lei Complementar a ela, estabelecer *normas gerais* sobre *obrigação, lançamento, crédito, prescrição e decadência tributários.*

As *regras de integração* entre o direito tributário e o direito privado estão, assim, nos arts. 109 e 110 desse Código, disciplinando a atividade do legislador e do intérprete tributários.

São duas: *uma* dirigida ao legislador, a *outra*, ao intérprete/aplicador da norma tributária.

1ª) - Os *legisladores* tributários da União, dos Estados, dos Municípios e do Distrito Federal não podem alterar a definição, o conteúdo e o alcance de institutos, conceitos e formas de direito privado, utilizados, expressa ou implicitamente, pela Constituição Federal, pelas Constituições dos Estados ou pelas Leis Orgânicas dos Municípios ou do Distrito Federal, para definir ou limitar competências tributárias (art. 110 do CTN).

2ª) - O intérprete da lei tributária pode utilizar os princípios gerais de direito privado para a pesquisa da definição do conteúdo e do alcance de seus institutos, conceitos e formas, contanto que não modifique os efeitos tributários estabelecidos por essa lei tributária (art. 109 do CTN).

Há, pela análise dessas *regras*, uma *transversalidade* entre os dois ramos do direito.

Assim, no *direito privado*, o campo das *obrigações* tem *princípios* como *pagamento, quitação, defeitos e invalidade do negócio jurídico, disposições gerais sobre contrato*;

---

142. - cf. p.150.

os quais, enquanto não altere os efeitos atribuídos pela lei tributária deverão ser utilizados para dirimir dúvidas na *interpretação*.

Há, porém, de referência à *prescrição* uma *antinomia aparente*, assim entendida, no caso em que o Código Civil dispõe que a *interrupção* da *prescrição* por um credor não aproveita aos outros; semelhantemente, a *interrupção* operada contra o codevedor, ou seu herdeiro, não prejudica aos demais coobrigados; já o Código Tributário Nacional estabelece que a *interrupção* da *prescrição*, em favor ou contra um dos obrigados, favorece ou prejudica aos demais. Então, favorece se for devedor? ou prejudica se for credor?

A *antinomia* é *aparente* porque a solução está no *sistema*, uma vez que se aplica a *regra de integração* dirigida ao *intérprete*, tal como descrita supra.

Sucedem-se vários anos e, até hoje, têm-se feito *investigações* sobre a disciplina jurídica da influência do *tempo* sobre as *relações jurídicas*.

Essa disciplina — seja a legal, seja a doutrinária, seja a jurisprudencial — no que toca às *relações jurídicas tributárias*, no Brasil, não foge às divergências, mas estas são inconcebíveis para um atento *investigador*.

O Código Civil francês de 21 de março de 1804 que, em 1807, oficialmente, passou a ser chamado *Código Napoleão*, na sua versão original, disciplinava, no Livro III, "*os diferentes modos pelos quais se adquire a propriedade*", agasalhou, nos seus primitivos arts. 2.219 a 2.281, a *prescrição*, incluída aí a posse de uma coisa ou de um direito, à qual definiu como um meio de aquisição ou de liberação, pelo transcurso de um certo lapso de tempo e sob as condições estabelecidas pela lei.

A redação atual expressa a regulação, separadamente, da *prescrição extintiva* e da *prescrição aquisitiva*, mas, ao tempo da edição primitiva o tom foi dado por PORTALIS:[143] "o matrimônio, o governo das famílias, o estado dos filhos, as tutelas, as questões de domicílio, o direito dos ausentes, a distinta natureza dos bens, os diferentes modos de adquirir, de conservar ou de aumentar sua fortuna, as sucessões, os contratos, constituem os principais objetos de um Código Civil".

A contemporaneidade identificou defeitos no direito francês da *prescrição civil*, a ponto de ensejar uma reforma do Livro III, títulos III e XX, que dispõe dobre a matéria.[144] O *Código Napoleão* não disciplinou a *decadência*.

O Código Civil alemão de 1896, o BGB, tido como o mais perfeito, doutrinariamente, vigente desde 1º de janeiro de 1900, também, não regula a *decadência*, mas, certamente, sob a influência de WINDSCHEID[145] já dispõe sobre a *pretensão* como objeto da *prescrição*.

Mas, a reforma do *direito das obrigações*, na Alemanha, que teve início em 1979 e culminou com um novo regime desse ramo do Direito Civil, naquele país, aprovado em 1º de janeiro de 2002, apesar de, também, não cuidar da *decadência*, inova sobre a *actio nata*, tal como se examinará adiante.

O exposto permite compreender porque, no Brasil, também, à época, o direito positivo não registrou a diferença,[146] a ponto de o Código Tributário Nacional, ao fazê-lo,

143. - cf. Portalis, Jean Etienne Marie. *Discurso preliminar al código civil francês*. Introducción y traducción de I. Cremades y L. Gutiérrez-Masson. Madrid: Editorial Civitas, S.A. 1997, p. 53.

144. - cf. *Del contrato, de las obligaciones y de la prescripción*. Ante-Proyecto de Reforma del Código Civil francés Libro III, títulos III y XX. Traducción a cargo de Fernando Hinestrosa. Bogotá: Universidad Externado de Colombia. 2006.

145. - Bernhard Windscheid foi a figura principal da chamada Primeira Comissão encarregada de redigir o projeto de Código Civil alemão, em 1874.

146. - cf. Beviláqua, Clovis. *Código civil dos Estados Unidos do Brasil*, ed. Rio, 1975, vol. p.437: "O Código Civil não distinguiu a prescrição dos *prazos extinctivos*, que operam a decadência ou caducidade dos direitos. No entanto, a doutrina estabelece

ter sido, como o é, infiel à essência dessas categorias — a *decadência* e a *prescrição.*

O tema deste trabalho[147] coloca-se na perspectiva de defender teses que recuperam os elementos constitutivos de cada qual das duas, lembrando que, de permeio, surgem os estudos de WINDSCHEID[148] sobre a *pretensão* interferindo na noção de *prescrição.*

O conceito de *decadência*, formulado linhas atrás, significa que toda vez que a ordem jurídica outorga uma *faculdade de agir*, outorga um direito subjetivo, ela outorga, ao mesmo tempo, o prazo para que o seu titular o *exerça.*

O direito subjetivo é — como já afirmado — um conjunto de *faculdades*, a mais destacada delas é, sem dúvida, a *faculdade* de *agir*, porque inexiste, *direito subjetivo* desprovido da *faculdade* de *agir*, considerando que todos os direitos são outorgados para serem *exercidos.*

Mas, nenhum *direito subjetivo* pode ser outorgado por uma eternidade, porque seria um atentado à harmonia social, se o titular, considerando essa sua eternidade, dele dispusesse quando bem o entendesse.

Reitere-se que a *decadência* opera no campo do *debitum*, porque o direito de crédito já nasce com prazo pré-fixado para ser *constituído* pelo seu titular.

---

differenças entre as duas figuras jurídicas. O prazo extinctivo opera a decadência do direito, objectivamente, porque o direito é conferido para ser usado num determinado prazo; se não fôr exercido, extingue-se. Não se suspende nem se interrompe o prazo; corre contra todos, e é fatal. Termina na hora pré-estabelecida".

147. - Este trabalho é a tese revista e atualizada, originalmente, apresentada à Faculdade de Direito da Universidade de São Paulo - USP, com a qual o autor obteve o título de Livre Docente do Departamento de Direito Econômico e Financeiro área de Direito Tributário.

148. - cf. Windscheid, Bernhard Joseph Hubert. *Diritto delle pandette.* Trad. del Professori Carlo Fadda e Paolo Emilio Bensa Torino: ed. Unione Tipografico-Editrice Torinese, 1930 p. 169-171.

E se esse direito nasce ao surgir o *vínculo*, com a ocorrência do *fato gerador* da obrigação, a conclusão é a de que a *decadência*, propriamente dita, em direito tributário, é aquela que contempla esse *fato gerador* como termo inicial da contagem do prazo, dentro no qual o titular do *direito subjetivo* de crédito tributário tem de *exercer* a atividade necessária à sua *constituição*.

Contudo, nem todos os prazos disciplinados pelo Código Tributário Nacional coadunam-se com a natureza da decadência.

A *prescrição* atina com aquele *direito de agir* para fazer valer o direito já *constituído* que, ao ser *exercido* para obter um dado comportamento da outra parte, esta não corresponde.

A *prescrição* opera no campo da *obligatio*,[149] porque, com a sua ocorrência, o credor perde a oportunidade de utilizar a *pretensão*, pois esta — cujo nascimento ocorre ao mesmo tempo do surgimento do *direito subjetivo* — aflora, somente, com a *violação* desse direito de crédito, por descumprimento da *prestação*, pelo devedor.

Importante é a identificação do momento desse descumprimento, com o qual nasce a ação exercitável (*actio nata*), porque o prazo prescricional começa a correr desde que a ação tem nascimento.

O Código Tributário Nacional identifica-o, expressamente.

A *pretensão* é a *garantia*, isto é, a proteção, mediante a tutela jurisdicional, da prerrogativa da submissão do patrimônio do devedor aos desígnios do credor, permitindo-lhe agir sobre tal patrimônio.

149. - cf. p. 97.

O credor, se não atua, desta forma, faz com que ocorra a *prescrição* que *extingue* a *pretensão*. Essa atitude, também, há de respeitar prazo.

O direito positivo alemão, elaborado sob a inspiração de WINDSCHEID, estabelece que depois da expiração do período de *prescrição*, a pessoa obrigada está autorizada a recusar o cumprimento da *prestação*, mas, se a cumpre não pode *repetir*, mesmo que isto tenha ocorrido com desconhecimento da *prescrição*.

É, por isso, que a Doutrina tem afirmado, lá, que a *prescrição* não significa *extinção* da *pretensão*.[150]

Aqui, o legislador é explícito na determinação da *extinção* da *pretensão*, como *eficácia da prescrição* e, também, da *decadência*.

Pois bem, na *decadência*, o direito já nasce com a sua vida predeterminada, quanto ao seu *exercício*.

Decadência refere-se, portanto, ao *exercício* de direito nascido.

Logo, quando, no Código Tributário Nacional, diz-se que a Administração vai *constituir* o *crédito tributário*, significa que vai *exercer* o *direito* — que é *potestativo* — de verificação dos aspectos desse seu *crédito* que já *nasceu* com a ocorrência do *fato gerador* da *obrigação*.

A formulação está correta.

Louvores ao seu autor, o douto RUBENS GOMES DE SOUZA.

Quando o Código dispõe: *constitui-se o crédito tributário por um procedimento a que chama de lançamento*, está dando como *pressuposto* o *nascimento* do direito a esse *crédito*.

150. - cf. Westermann, Harry. *Código civil alemão – parte geral*. Tradução de Luiz Dória Furquim. Porto Alegre: Sergio Antonio Fabris Editor, 1991, p. 25.

Aqui, têm lugar as já aludidas noções de *constituição devida* ou *regularmente* realizada e de *constituição definitiva*.

E, sob essa disciplina, entra um outro aspecto importante, aquele em que o Código Tributário Nacional considera que o termo inicial da *prescrição* é o termo final da *constituição* do *crédito*, ou seja, quando ele está *definitivamente constituído*.

Esta disposição codificada está certinha, porque a *constituição definitiva* do *crédito* encerra a possibilidade da alegação de *decadência*, porque se encerra a possibilidade do *exercício* do *direito potestativo* dessa *constituição*.

A conclusão é a de necessidade de *integrar* o regime jurídico da *decadência* e o da *prescrição civis* com o regime do Código Tributário Nacional estabelecido para essas duas categorias no âmbito da tributação e naquilo em que este Código for omisso, contanto que não resulte em exigência ou em dispensa da *prestação tributária* onde a lei não o disciplinar para os *efeitos tributários*.

Daí que se pode afirmar, também, que o *auto de infração*, por si só, não faz *lançamento*.

3.3 O auto de infração

O *auto de infração* é uma das peças na cadeia em que se constitui o procedimento. Ele é um dos atos do procedimento que resulta em *lançamento*.

O *auto de infração*, por isso, isoladamente, nunca poderá *constituir* o *crédito tributário* em *definitivo*.

Trata-se, o *auto de infração*, de um dos atos de sequência que se integram no *procedimento*, então, em nenhuma hipótese ele pode operar, sozinho, *lançamento*, por depender de outros atos que, necessariamente, lhe sucedem para completar o *iter* descrito pelo legislador.

Auto de infração é, por definição, o ato praticado por um agente da Administração Tributária com a atribuição específica de proceder, como uma das diligências típicas de fiscalização, assim entendidas, às providências relativas ao exame de mercadorias, livros e documentos comerciais e fiscais, arquivos, limitando este exame aos pontos objeto da investigação.[151]

É ato bastante relevante, sem dúvida, porque representa um daqueles — o mais importante — que têm o condão de dar início ao procedimento administrativo fiscal e porque dele depende a validade dos subsequentes. A rigor, é o ato pelo qual se começa a dar forma à *exigibilidade* do *crédito*, mas que não o declara *constituído*, isto é, *exigível*.

Limitada, como o é, a função do *auto de infração* a documentar, por escrito, a investigação incumbida ao agente fiscalizador, isto é, ao agente público a quem cumpre vigiar, censurar, sindicar os atos do contribuinte, não se pode afirmar que tal função da Administração Tributária implique todo o *procedimento* a que alude o art. 142 do Código Tributário Nacional.

Dir-se-ia, contudo, que, pelo menos, em duas hipóteses o *auto de infração* converter-se-ia em *lançamento*:

a) - a de *revelia* do sujeito passivo;

b) - a de *lançamento* por investigação direta.

Há *revelia* quando o sujeito passivo autuado deixa encerrar o tempo útil estabelecido pela legislação tributária e não formaliza a sua *impugnação*.

---

151. - cf. a Súmula 439 do STF: *estão sujeitos à fiscalização tributária, ou previdenciária, quaisquer livros comerciais,* limitado o exame aos pontos objeto da investigação. Cf., também, Borges, José Souto Maior. Tratado de direito tributário brasileiro, v. IV: *lançamento tributário*. Rio de Janeiro: Ed. Forense, 1981, p.154. Carvalho, Paulo de Barros. *Decadência e prescrição*. In. Caderno de Pesquisas Tributárias nº1, vol. 2. Coordenador Ives Gandra da Silva Martins São Paulo: Coedição Centro de Estudos de Extensão Universitária e Editora Resenha Tributária. 1976, p.87 e segs.

O *auto*, neste caso, converter-se-ia em *lançamento*?

Não, porque cumpre à autoridade, que decide sobre a validez desses atos, a chancela ou a rejeição do *auto*.

O mesmo ocorre com o *lançamento* que se completa após uma investigação direta, v.g. o chamado *lançamento* por *homologação*, porque, se tal investigação é feita pelo agente fiscalizador, a expressa confirmação, exigida pela lei para a atividade exercida pelo sujeito passivo, que antecipa o pagamento do tributo, é ato da autoridade administrativa de cúpula do órgão central encarregado da sua administração.

Esta conclusão é pertinente com a tese aqui exposta quanto à *constituição definitiva do crédito tributário*: esta, somente ocorre quando o *iter* descrito pelo art.142 do Código Tributário Nacional é percorrido pelos agentes da Administração Tributária envolvidos na prática dos atos de sequência, sem causar qualquer defeito que formalmente os vicie (crédito *devidamente* constituído) e que, encerrando o tempo útil para qualquer providência permitida em lei para modificá-lo, torna-se inalterável (crédito *definitivamente* constituído).

CAPÍTULO IV

MODALIDADES DE CONSTITUIÇÃO DO CRÉDITO TRIBUTÁRIO E SUAS RELAÇÕES COM A CONTAGEM DOS PRAZOS DECADENCIAIS E PRESCRICIONAIS

4.1 Modalidades de constituição do crédito tributário: o lançamento

O *direito condicional* que, até o seu *implemento*, caracteriza o *direito de crédito tributário* e cujo *exercício* está subordinado a prazo extintivo, não impede o seu titular de *exercer* os atos destinados a *conservá-lo.*[152]

O *direito* é *condicional* porque há uma incerteza quanto à realização desse evento, que se identifica com um *dies incertus an, certus quando*, uma vez que nunca se sabe a

152. - cf. Gomes, Orlando. *Introdução ao direito civil* 22ª ed., ob. cit. p.296: O titular do direito condicional merece proteção jurídica, uma vez que sua expectativa pode se converter em realidade. Admite-se, por isso, a faculdade de praticar *atos* destinados a conservar seu direito, sendo lícito que tome não só as medidas de conservação jurídica, como *v.g.*, a interrupção da prescrição, mas, também, de conservação material.

data em que ele ocorrerá; não há certeza de que o *lançamento* se verifique, por isso, a regra explícita no Código Tributário Nacional sobre *decadência* — que se pode definir como *regra geral* — é a contida no § 4º do seu art.150.[153]

Aquela que se encontra no seu art. 173[154] tem gerado dúvidas quanto à sua autenticidade, de referência à sua natureza como *prazo de decadência*, tal como se explicará adiante.

É, assim, porque o Código Tributário Nacional, além de fixar prazos iguais, menores e maiores de (05) cinco anos, dispõe, também, nesse seu art. 173, de modo enviesado, o deslocamento do termo inicial da contagem do prazo *decadencial, do* momento em que o direito nasce, com a ocorrência do *fato gerador*, *para* outros instantes, rompendo, assim, pelo menos, aparentemente, com o respeito à natureza jurídica da *decadência*, mas, entrelaçando a contagem desse prazo com cada tipo de *lançamento* que perfilha:

a) - por *homologação*;

b) - *de ofício*;

c) - por *declaração*.

---

153. - Art. 150. O lançamento por homologação, que ocorre quanto aos tributos cuja legislação atribua ao sujeito passivo o dever de antecipar o pagamento sem prévio exame da autoridade administrativa, opera-se pelo ato em que a referida autoridade, tomando conhecimento da atividade assim exercida pelo obrigado, expressamente a homologa. [...] § 4º Se a lei não fixar prazo a homologação, será ele de cinco anos, a contar da ocorrência do fato gerador; expirado esse prazo sem que a Fazenda Pública se tenha pronunciado, considera-se homologado o lançamento e definitivamente extinto o crédito, salvo se comprovada a ocorrência de dolo, fraude ou simulação.

154. - art.173. O direito de a Fazenda Pública constituir o crédito tributário extingue-se após 5 (cinco) anos, contados: I - do primeiro dia do exercício seguinte àquele em que o lançamento poderia ter sido efetuado; II - da data em que se tornar definitiva a decisão que houver anulado, por vício formal, o lançamento anteriormente efetuado. Parágrafo único. O direito a que se refere este artigo extingue-se definitivamente com o decurso do prazo nele previsto, contado da data em que tenha sido iniciada a constituição do crédito tributário pela notificação, ao sujeito passivo, de qualquer medida preparatória indispensável ao lançamento.

É por *homologação* o *lançamento* em que a lei atribui ao sujeito passivo a prática de atos preparatórios; o mais significativo deles é o de antecipar a satisfação da *prestação* sem o prévio exame das autoridades administrativas competentes para procederem à série de atos da respectiva cadeia.

Essa *homologação* terá de ser feita dentro do prazo assinado pela lei, sob pena de extinção desse direito de revisão tendente a aprovar ou não os atos do sujeito passivo, salvo, evidentemente, se praticados com irregularidades por dolo, mediante fraude e simulação, porque é um *princípio jurídico* a regra de que *ninguém pode beneficiar-se de sua própria torpeza.*

Há de entender-se que a ilicitude, descrita nesse dispositivo não altera o correr do prazo *decadencial*, apenas, não se extingue, *nas circunstâncias,* a respectiva punibilidade do ato ilícito, quando identificado.

O *prazo extintivo*, nesse tipo de *lançamento*, tem o limite de 5 (cinco) anos, mas, a lei emitida pelo sujeito ativo, no exercício de sua *potestade*, tem a *faculdade* de fixar tempo menor; obviamente, nunca, maior e é de fluência inexorável, pois se expirado sem que o sujeito ativo proceda à revisão dos atos praticados pelo sujeito passivo, extingue-se não só o *direito* à *constituição* do *crédito tributário*, mas, também, o *próprio crédito*, não se legitimando o direito de *soluti retentio*, em face de *pagamento indevido* e, consequentemente, a *repetição do indébito* milita em favor de quem cumprir a *prestação* indevida.

Esse prazo *decadencial conta-se*, tal como aqui, corretamente, o legislador do Código Tributário Nacional estabeleceu, tendo como início o momento do nascimento do *direito de crédito tributário*, isto é, desde a ocorrência do *fato gerador* da obrigação.

É *de ofício*, o *lançamento* que se contém em uma dessas duas alternativas:

a) - ou a lei não autoriza atos preparatórios do sujeito passivo, sejam aqueles que se fazem *acompanhados* do *pagamento prévio* da *prestação*; sejam aqueles concluídos, somente, com a *declaração* dos fatos geradores da obrigação, pelo sujeito passivo, sem prévio cumprimento da *prestação* e, assim, cumpre às autoridades administrativas competentes, para procedê-lo, praticá-los a todos em sede de *fase oficiosa*;

b) - ou a lei, porque autoriza, sempre, a revisão de qualquer atividade administrativa, legitima que as autoridades respectivas façam-no *de ofício*.

Nessa modalidade, o sujeito passivo aguarda, sempre, a conclusão da *fase oficiosa* e, ao ser notificado de seus termos, discordando, poderá iniciar a *fase contenciosa*.

É por *declaração* o *lançamento* realizado com base na informação sobre matéria de fato, indispensável à sua efetivação, fornecida pelo sujeito passivo ou por terceiro, sob as penas com que se punem os delitos de *falso*.

Em ambos (lançamento de *ofício* e por *declaração*), todo o procedimento administrativo respectivo tem de estar concluído no *prazo extintivo* de 5 (cinco) anos assinado pela lei para a *constituição do crédito tributário*, sob pena de *caducidade*.

O início correto da *contagem* desse prazo de *decadência* teria de ser explicitado como sendo o da ocorrência do *fato gerador*, que é o momento do nascimento do *direito* de *crédito tributário*.

Mas, o Código Tributário Nacional disciplina, no seu art.173, *hipóteses excepcionais de termo inicial da contagem desses prazos decadenciais de constituição do direito de crédito tributário*, sob as críticas pertinentes de PAULO DE

BARROS CARVALHO[155] e de CARLOS DA ROCHA GUIMARÃES,[156] para citar duas das mais autorizadas, por isso, GUIMARÃES acha que melhor será considerar essas *hipóteses* como de *prescrição*.

Assim, se o *lançamento* já poderia ser efetuado, porque já ocorrera o *fato gerador*, mas, o sujeito ativo não o procedeu até o primeiro dia do ano seguinte, então, é-lhe facultado fazê-lo, dentro do prazo, que passa a ter como início de *contagem*, *não esse momento do nascimento do direito*, mas, sim, esse primeiro dia do exercício seguinte ao da *ocorrência* do *fato gerador* (*ocorrência* essa que é *o momento* verdadeiro *do nascimento do direito*).

A *excepcionalidade* do termo inicial de *contagem* do prazo também é contemplada pelo legislador, quando a fixa em correspondência com a data em que torna definitiva decisão anulatória de *lançamento* viciado, exatamente, porque o vício compromete a eficácia do fato jurídico.

Essas regras veiculadoras de *exceção*, que rompem com a natureza da *decadência*, a par de serem justificadas, por alguns, em razão da natureza jurídica do *crédito tributário*, são, precisamente, a causa dos distúrbios interpretativos que, adiante, desfilarão, quanto à *contagem*, na lei, desses prazos *excepcionais*.

Uma pergunta impõe-se, na expectativa de uma resposta: há legitimidade na formulação elaborada pelo legislador do Código Tributário Nacional, ofendendo a *essência* da categoria *decadência*? Ou inexiste tal ofensa!

Não há legitimidade, a resposta está na fenomenologia de HUSSERL.[157]

---

155. - cf. *Decadência e prescrição*, ob. cit. p.106 e segs.

156. - cf. *Decadência e prescrição* 2ª ed. Rio de Janeiro: Forense, 1984, p. 229.

157. -cf. p. 164.

A natureza jurídica desse *crédito*, que justifica certas prerrogativas típicas, antes arroladas, *não legitima*, contudo, a regalia de transformar o exercício do direito à sua *constituição* em algo "*per omnia secula seculorum*", senão haveria um prêmio à inatividade, que nem o poder público é destinatário, contrariamente ao princípio reitor da sanção ao negligente no exercício do direito, qual seja, a de perder o direito por conservar-se inativo: "*dormientibus non succurrit jus*".

Essa sanção tem fundamento na necessidade de harmonia social.

As *formalidades* que consistem no *procedimento* de *lançamento*, quando implementadas, devidamente, marcam, pois, a constituição *definitiva* do *crédito tributário* e, se concluídas dentro do *prazo extintivo* assinado para esse mister, escapam à *caducidade*. Se não, sofrem os seus efeitos.

Reitere-se que essa *definitividade* marca, também, um outro termo, o inicial da contagem do prazo de *prescrição*.

Tudo que se passa durante o *procedimento* de *lançamento* está envolvido pelo prazo de *decadência*, dentro do qual deve, com *definitividade*, estar *constituído* o *crédito*.

Fale-se, em seguida a esta *definitividade*, na *prescrição*.

Há *prescrição* quando o *titular* de um *direito subjetivo*, já *constituído*, portanto, cumprido o estágio de *exercício*, tem descumprida a *prestação* por parte do sujeito passivo, este, doravante assumindo a posição de *prescribente* e, em favor deste, passa a correr o *tempo* dentro do qual esse *titular* terá de utilizar-se da *garantia* para a *execução forçada* desta *prestação* perante o juiz.

Prevalece a máxima *non valentem agere non currit praescriptio*, porque não se pode atribuir omissão ou falta à pessoa que não possa agir; por exemplo, se há providência do *prescribente* — um recurso interposto contra um *lançamento* — impossibilitando o sujeito ativo de atuar, então, a *pretensão* não aflora.

Mas, esse sujeito ativo terá de atuar dentro dos prazos legais para julgar o recurso, a partir do término dos quais, obviamente, não se tratará de lapso de tempo de contagem para decadência, mas sim, para prescrição porque então já se caracteriza a *actio nata*.

Há, a partir daqui, espaço para a análise da *actio nata* no direito tributário brasileiro, tal como se fará adiante.

Consequentemente, enquanto o *tempo* chamado *decadência* influi na *constituição* ou no *exercício* do próprio direito subjetivo, a *prescrição* é o *tempo* influindo na *pretensão*, isto é, no poder jurídico do *titular* do direito a submeter ao seu desígnio o patrimônio do sujeito passivo em favor de quem (*prescribente*) milita esse *tempo*.

A atuação do sujeito *titular* do direito, na *decadência*, é o exercício de um *direito potestativo*. Aqui, na *prescrição*, o sujeito *titular* do direito não se pode *omitir* ao emergir a *pretensão* o que ocorre quando o sujeito passivo viola esse direito, assim entendido o momento em que *constituído* com o *lançamento definitivo* e o sujeito passivo, tomando conhecimento do momento de cumprir a *prestação*, não o faz.

Esse procedimento, tanto o da *decadência*, quanto o da *prescrição*, tem uma natureza jurídica de *poder-dever*, expressão que não é unívoca, porque é censurada, pelo ângulo da Lógica, por PAULO DE BARROS CARVALHO.[158]

---

158. - cf. *Curso de direito tributário*. 17ª ed. São Paulo: Saraiva. 2005, p.377 – "Ao estatuir, no parágrafo único, que *a atividade administrativa de lançamento é vinculada e obrigatória, sob pena de responsabilidade funcional*, reitera nosso Código Tributário a opção pelo sentido procedimental do termo "lançamento", sobre fixar dois outros aspectos: um, para referir-se ao caráter vinculado com que tal atividade deve ser conduzida; outro, para firmar o relacionamento entre o órgão e o funcionário, como um dever jurídico que cumpre seja satisfeito por este último, numa relação de direito administrativo, de que o sujeito passivo da obrigação tributária não

A categoria batizada com esse *signo*, tem sido adotada por uns e rejeitada por outros estudiosos, de referência à matéria, aqui, examinada, mas, é explicativa dessa atividade administrativa, legalmente, atribuída à *constituição* do crédito tributário e sua vinculação à *decadência* e à *prescrição*.

Poder-dever é, também, um conceito jurídico formulado pela Doutrina e pela Jurisprudência, que consiste no poder outorgado à Administração para atingir o fim público, que, ao mesmo tempo, representa um dever de agir com a atribuição de atuar em benefício da sociedade, porque esse poder, na verdade, expressa o dever que o servidor tem para com a coletividade, no sentido de que o detém com a incumbência compulsória de exercitá-lo.

4.2 *Actio nata* em matéria tributária

A *actio nata* é a ação judicial que nasce no *momento* da violação, pelo sujeito passivo — então, inadimplente — do *direito subjetivo de crédito* já em condições de ser *exercido*, por isso, escapado de qualquer possibilidade de *caducidade*.

Esse *momento* da violação é aquele do descumprimento da *prestação*, o qual provoca o emergir, o aflorar da *pretensão*, a qual se encontrava *latente* desde que ela, a *pretensão*, nasceu com o surgimento do *direito subjetivo de crédito*.

O Código Civil brasileiro, embora, equivocando-se, ao dispor que, violado o direito, nasce para o titular a *pretensão*,[159] adota, dessa forma, o chamado viés *objetivo* da *actio nata*.

participa. Adviria daí o "dever-poder" do agente, ao realizar o lançamento, para aqueles que priorizam o aspecto interno (Fazenda-funcionário); e o "poder-dever" da Administração para atuar o lançamento com ênfase na competência a ser exercida perante o administrado (Fazenda-contribuinte)".

159. - cf. art.189. Violado o direito, nasce para o titular a pretensão, a qual se extingue, pela prescrição [...].

O equívoco suprarreferido está no fato de que, nesse *momento*, o que nasce é, sim, a *ação* (*actio nata*) e não a *pretensão*.

A *pretensão* nasceu antes dessa violação, tal como dito supra.

Exige-se muito cuidado com a fixação desse *momento* da violação, porque sem que ele seja identificado, não se pode falar em *início* do prazo de *prescrição*, uma vez que a *pretensão*, somente emerge, dando o poder ao credor de submeter, aos seus desígnios, o patrimônio do devedor, quando ocorre esse *momento*.

Esse mecanismo é responsável pela conclusão correta da Doutrina alemã, com fundamento no art. 222 do BGB[160] — o Código Civil — de que, lá, a *prescrição* não significa *extinção* da *pretensão*; apenas dá ao devedor um *direito de recusar a prestação*, pois a *pretensão* não "caduca", mas o sujeito passivo não pode mais ser constrangido à *prestação*.[161]

Vale dizer que o credor não está impedido de intentar a ação, por isso, a *prescrição* é matéria ou de alegação do *prescribente* ou o é de iniciativa do juiz, quando ele a decreta de ofício nas hipóteses previstas na lei.

O exposto dá ensejo à análise da impossibilidade da aplicação da *teoria da actio nata subjetiva*, na *relação jurídica tributária*, considerando-se o direito tributário positivo brasileiro, porque a categoria *prescrição* é de direito

---

160. - BGB – Bügerliches Gesetzbuch (Código Civil alemão), art.222: 1. Após o término do período de prescrição, a pessoa obrigada está facultada negar a pretensão. 2. Se se realiza qualquer ato de execução, em satisfação de uma reclamação que tenha prescrito, dita execução não pode ser objeto de repetição, inclusive se a prestação tiver sido realizada, por desconhecimento da prescrição. O mesmo se aplica ao reconhecimento contratual e à uma prestação de garantia pela pessoa obrigada.

161. - cf. Westermann, Harry. *Código Civil alemão – parte geral*. Tradução de Luiz Dória Furquim. Porto Alegre: Sergio Antonio Fabris Editor, 1991, p.25.

positivo,[162] consequentemente, a sua disciplina é própria de cada *sistema jurídico*.

Essa *teoria* consiste na afirmação de que a configuração da perda da *pretensão*, isto é, da perda de o credor intentar a ação, pela qual efetivará a submissão do patrimônio do devedor aos seus desígnios, depende

a) – da existência de ação exercitável pelo credor e

b) – do conhecimento, pelo credor, do *momento* dessa existência

a) - A existência da ação exercitável, desde SAVIGNY,[163] é considerada uma das condições da *prescrição* e coincide com o seu ponto de partida, porque se um direito não existe, não é possível falar-se em descuidar de exercitá-lo nem de perdê-lo por negligência, considerando que o começo de uma *prescrição* é a existência de uma *actio nata*.

Esse pensamento indica que está correto o direito tributário positivo brasileiro em determinar, sob pena de *decadência*, a *constituição* do *crédito tributário*, pelo sujeito ativo da obrigação, o que o torna *exigível*, mediante a *atividade* de *lançamento*.

Mas, essa *atividade* administrativa de *lançamento* — como se tem destacado, linhas atrás, é peculiaridade da relação jurídica tributária — opera a *liquidação da obrigação* pelo próprio sujeito ativo, circunstância que lhe dá o domínio, não só de determinar o ponto de partida da *prescrição*, fazendo existir a *actio nata*, como também de conhecer o *momento* da existência dessa ação exercitável.

---

162. - cf. Miranda, Pontes de. *Tratado de direito privado,* tomo VI. São Paulo: Ed. Revista dos Tribunais. 1983, p. 100.

163. - cf. Savigny, M.F.C. de. *Sistema del derecho romano actual*, tomo IV, Traduzido do alemão por M. Ch. Guenoux, vertido ao castelhano por Jacinto Mesía y Manuel Poley. Madrid. F. Góngora y Compañia, Editores. 1879, p. 182 e segs.

b) – o conhecimento, pelo credor, do *momento* da existência da ação exercitável, apontado por essa *teoria*, como dependência para surgimento da *actio nata*, tem sido objeto de contestação, mesmo para a configuração do início do prazo de *prescrição* nas relações jurídicas em comum.

Essa contestação encontra-se no próprio SAVIGNY e, na Doutrina jurídica pátria, por todos, em PONTES DE MIRANDA, gerando a classificação da *teoria da actio nata* com viés *objetivo* e com viés *subjetivo*.

O viés *objetivo* é aquele que não contempla a necessidade do conhecimento pelo credor, da existência da ação exercitável. É a regra do Código Civil brasileiro.

É, em regra, o pensamento de SAVIGNY quando se refere ao *começo* com natureza puramente *objetiva*, pela qual importa pouco que o titular do direito violado tenha ou não conhecimento desse *começo*.[164]

PONTES DE MIRANDA, asseverando que os prazos *prescricionais* servem à paz social e à *segurança jurídica*,[165] além de sustentar que a matéria é de direito positivo,[166] também afirma que ao ser *prescritível* a *pretensão*, nenhum fato impede a *prescrição*, perpetuamente. E, se a *prescrição* ocorre quando o seu suporte fático se compõe,[167] então a *prescrição* independe de saber o *momento* em que pessoa lesada teve *conhecimento* da *actio nata*, como ocorre no direito alemão.[168]

Esse conhecimento é o em que consiste o viés *subjetivo*. Insista-se: esse viés subjetivo, por todo o exposto não cabe em matéria tributária porque, — relembre-se — que,

164. - cf. ob. cit. p. 185 e segs.

165. - cf. ob. cit. p. 101.

166. - cf. ob. cit. p. 100.

167. - cf. ob. cit. p. 111.

168. - cf. art.852, 1. do BGB.

com o *lançamento*, surge uma outra *relação jurídica*, a *fiscal* ou *procedimental*, que decorre da *relação jurídica tributária*.

Relembre-se, por fim, que o Código Tributário Nacional disciplina essa *relação jurídica fiscal* ou *procedimental* com a denominação de "*constituição do crédito tributário*" (arts. 142 a 150), estabelecendo que esse *procedimento* se chama *lançamento*, todo ele conduzido pelo sujeito ativo que, assim, faz a *liquidação da obrigação*, conhecendo, portanto, o *momento* da existência da ação exercitável.

A Comissão de Juristas,[169] responsável pela revisão e atualização do texto de 2002 do Código Civil, propõe a positivação do princípio da *actio nata subjetiva* para a *responsabilidade civil*, em geral e *objetiva* para as hipóteses de *inadimplemento* da *prestação* na obrigação contratual.[170]

169. - A Comissão, criada pelo presidente do Congresso Nacional, senador Rodrigo Pacheco, no âmbito do Senado Federal, foi composta pelo ministro Luis Felipe Salomão, presidente; ministro Marco Aurélio Bellizze, vice-presidente; professores Rosa Maria Andrade Nery e Flávio Tartuce, relatores; ministros do Superior Tribunal de Justiça: João Otávio de Noronha, Maria Isabel Gallotti, Marco Buzzi e Cesar Asfor Rocha; desembargadores Marco Aurélio Bezerra de Melo (TJRio), Marcelo Milagres e Moacyr Lobato (TJMinas), Maria Berenice Dias (TJRS); Professores Rodrigo Mudrovitsch, Estela Aranha, José Fernando Simão, Edvaldo Brito, Nelson Rosenvald, Carlos Eduardo Elias de Oliveira, Angélica Carlini, Claudia Lima Marques, Carlos Eduardo Pianovski, Carlos Vieira Fernandes, Maria Cristina Santiago, Rolf Madaleno, Mario Luiz Delgado, Giselda Maria Fernandes Novaes Hironaka, Gustavo Tepedino, Laura Porto, Laura Mendes, Ricardo Campos, Paula Forgioni, Marcus Vinicius Furtado Coelho, Flavio Galdino; Juízes: Rogério Marrone Castro Sampaio, Patrícia Carrijo, Pablo Stolze Gagliano, Daniel Carnio.

170. "Art. 189. Violado o direito, nasce para o titular a pretensão que se extingue pela prescrição, nos prazos a que aludem os arts. 205 e 206. § 1º O início do prazo prescricional ocorre com o surgimento da pretensão, que decorre da exigibilidade do direito subjetivo. § 2º Ressalvado o previsto na legislação especial, nos casos de responsabilidade civil extracontratual, a contagem do prazo prescricional inicia-se a partir do momento em que o titular do direito tem conhecimento ou deveria ter, do dano sofrido e de quem o causou. § 3º Nas hipóteses do § 2º, quando o dano, por sua natureza, só puder ser conhecido em momento futuro, o prazo contar-se-á do momento em que dele, e de seu autor, tiver ciência o lesado, observado que, independentemente do termo inicial, o termo final da prescrição não excederá o prazo máximo de 10 anos, contados da data da violação do direito."

4.3 *Redirecionamento da execução fiscal* e a prescrição

O *redirecionamento da execução fiscal* é uma categoria *pretoriana*, por isso não tem *legitimidade* para a *exigibilidade* de *crédito tributário*.

Consiste em pleito do sujeito ativo da obrigação tributária no sentido de prosseguimento de execução fiscal, inicialmente, proposta contra pessoa jurídica, *redirecionada* para a pessoa de sócio, com poderes de gestão. O fundamento jurídico é o inciso III do art. 135 do Código Tributário Nacional.

O arrimo nesse dispositivo do Código significa que se busca alcançar o patrimônio de outras pessoas — físicas, por hipótese — que, inicialmente não participava do polo passivo da execução.

O dispositivo codificado, invocado, disciplina uma das subespécies da *responsabilidade tributária*, que, por usa vez, implica a *exigibilidade* do *crédito* ao *responsável tributário*, que é matéria de *reserva de lei* submetida, também, às *normas gerais*, constitucionalmente, regidas.

4.3.1 A responsabilidade tributária no Código Tributário Nacional

O tema do *redirecionamento* traz a necessidade de solucionar um problema de *sucessão tributária*, até a *mortis causa*, envolvendo meação e herança de bens que se encontram integrados ao patrimônio de sociedade de que participava em vida, obviamente, o *de cujus*, mas que, da composição do quadro social dela, são estranhos o cônjuge meeiro e os herdeiros, além das questões *inter vivos*.

E essa temática, ao enredar a *sucessão*, busca, também, a *responsabilidade tributária* do próprio *de cujus*, do seu cônjuge meeiro, dos seus herdeiros e da sociedade da qual participava, bem assim, a identificação da *prestação* que lhes cumpriria, se existisse incidência tributária em decorrência de situação jurídica configurável como pressuposto de fato da relação jurídica tributária.

Então, ter-se-á de deslindar três categorias de Direito que, no campo tributário, tomam forma específica.

São elas: a *sucessão*, a *responsabilidade* e a *incidência da norma jurídica* que define a *hipótese do fato gerador*.

Portanto, o *redirecionamento* termina por enredar uma complexidade que a jurisprudência não tem considerado, a partir da circunstância de falecer *competência* ao juiz para *criar* novos casos de *responsabilidade tributária*, de resto, defeso, também, ao próprio legislador ordinário, "sem a observância dos requisitos exigidos pelo art. 128 do Código Tributário Nacional, tampouco a desconsiderar as regras-matrizes de responsabilidade de terceiros estabelecidas em caráter geral pelos arts. 134 e 135 do mesmo diploma".[171]

Examina-se a matéria, a seguir:

4.3.1.1 A responsabilidade tributária

Essa categoria é pressuposto da *sucessão* e da *incidência das normas jurídicas tributárias*.

É que se falar em *responsabilidade*, juridicamente, é o mesmo que tratar de *dever jurídico*.

Dever jurídico é a *prestação* que cumpre a um sujeito satisfazer perante outro que tem, em uma relação jurídica, o poder (*direito subjetivo*) de exigi-la.

Um *dever jurídico* tem a sua caracterização na lei, sempre e quando esta espécie de norma tenha o condão de disciplinar essa posição do sujeito na relação jurídica, isto é, na relação social a que a norma atribuiu um efeito.

---

171. - cf. RE n°562.276 Paraná, Pleno, relª. minª. Ellen Gracie, 03.11.2010.

Esse é o sujeito passivo e a sua definição está em lei, hierarquicamente, destacada no sistema, qual seja, a lei de *normas gerais* de direito tributário (o Código Tributário Nacional), cuja posição é de superioridade no confronto com as demais infraconstitucionais que regulam matéria tributária.

E essa definição encontra-se no seu art. 121 e respectivo parágrafo e no seu art. 122.[172]Dessa noção, fornecida pela própria lei, colhem-se características interessantes que valem ser ressaltadas.

Assim, distingue a lei dois tipos de relações jurídicas obrigacionais: uma cujo objeto é uma *prestação de dar* (dar dinheiro a título de tributo ou a título de multa — penalidade pecuniária —) e outra que tem como objeto uma *prestação de fazer*, *de não fazer* ou *de tolerar*.

Essa segunda, exatamente, porque o seu objeto é um *procedimento*, ela é "*intuitu personae*" e, em consequência, não comporta, como regra geral, a transferência da responsabilidade tributária, especialmente da responsabilidade pessoal. Muito raramente, isto acontece tal como nas *declarações de fatos tributáveis* que constituem atos jurídicos cuja prática exige capacidade civil, v.g. a declaração de rendimentos do tutelado e de outros menores sob representação e ou assistências; ou a de curatelado e outros interditos as quais somente podem ser feitas pelos seus representantes e ou assistentes. Fora de hipóteses tão raras, a *responsabilidade tributária*, expressa por um procedimento do

172. - Art. 121 — Sujeito passivo da obrigação principal é a pessoa obrigada ao pagamento de tributo ou penalidade pecuniária. Parágrafo único — o sujeito passivo da obrigação principal diz-se: I — contribuinte, quando tenha relação pessoal e direta com a situação que constitua o respectivo fato gerador; II — responsável, quando, sem revestir a condição de contribuinte, sua obrigação decorra de disposição expressa de lei. Art. 122 — Sujeito passivo da obrigação acessória é a pessoa obrigada às prestações que constituam o seu objeto.

sujeito passivo, é *dever jurídico* de cumprimento privativo dele; é "*intuitu personae*".

Portanto, fica claro que a distinção entre as duas relações tem sentido prático: gera a diferenciação do objeto e, por conseguinte, diversifica a *responsabilidade* e o consequente cumprimento da *prestação*: se esta é a *de dar dinheiro*, então a lei tanto pode atribui-la àquela pessoa que se liga, diretamente, ao *fato* tributável, quanto a outra qualquer que não tenha relacionamento com esse *fato*.

É, precisamente, desse tipo de *prestação* (*de dar dinheiro*) a de que trata a questão porque, no Direito Tributário pátrio, a morte, também, *resolve* tudo de pessoal.

Logo, a *responsabilidade* de dar dinheiro, a título de tributo, extinguir-se-ia com a morte sujeito passivo.

Contudo, se a *prestação* é a *de dar dinheiro*, a morte não *resolverá*, se houver o *patrimônio*, porque ele responde, ainda que, no que toca aos sucessores, isto não passa das *forças da herança*.

Esta é uma circunstância importante na solução do problema sob análise, porque, na partilha. poderão estar onerados quinhões e meação em consequência de *responsabilidade tributária* do *de cujus*, quando sócio, porém, de cumprimento desconhecido até essa partilha.

A afirmação de que esse tipo de *prestação* admite *transferência* de *responsabilidade*, nela reside a necessidade de explicitar a disciplina de direito positivo quanto a tal circunstância para que se discriminem as *responsabilidades* de cada qual dos envolvidos: a sociedade, o *de cujus*, o cônjuge meeiro e os herdeiros.

E, ainda, é a lei de *normas gerais* de direito tributário — lei das leis tributárias — que se aplica; no caso específico, trata-se da disciplina que ele dá à *responsabilidade dos sucessores*.

4.3.1.2 A sucessão tributária

O estudo da *sucessão*, no Direito tributário brasileiro, conduz a certas particularidades atinentes com o nível de *eficácia* das normas tributárias no sistema jurídico em geral.

Cabe dizer, por agora, apenas, que essas normas são eficazes, para o particularismo do campo tributário, mesmo diante de efeitos distintos dados pelo direito privado, a ponto de atribuírem consequências diversas aos institutos desse direito.

Portanto, a *eficácia* tributária, atribuída pelas leis tributárias aos institutos do direito privado, independe da *eficácia* que têm, ontologicamente, por força das leis que os cevam.

Acresce, ainda, a existência de tese que caracteriza a *sucessão* como sendo, exclusivamente, a situação em que há *modificação subjetiva* da relação jurídica, com a exclusão do primeiro titular dessa relação e, então, *sucessão* será, apenas, aquele estado resultante da *modificação subjetiva* da relação por causa ou de lei ou de contrato (*sucessão inter vivos*); por causa da *morte* do primeiro titular (*sucessão causa mortis*).

4.3.1.2.1 A sucessão tributária causa mortis

Logo, a seguir-se essa tese, só haveria *sucessão* quando houvesse a morte do sujeito passivo... E não é assim, tributariamente, pelo menos, no direito brasileiro.

Tudo isto vem a pelo, porque a *responsabilidade* de cada qual dos envolvidos (sociedade, *de cujus*, cônjuge meeiro e herdeiros) tem tratamento típico no Direito Tributário brasileiro, daí ter importância gizar, de passagem, que a *sucessão tributária*, sendo mais do que se disse no item precedente, as regras constantes do contrato social, no caso em estudo, ainda que fossem excludentes de *dever jurídico* para cônjuge meeiro e herdeiros, elas, para valerem diante de situações jurídicas tributárias, teriam de ser conformes com as normas tributárias pertinentes.

Por isso, aqui, já cabe maior ligação com o que se abordou antes, isto é, há dois tipos de sujeito passivo a quem incumbe cumprir a *prestação de dar dinheiro*:

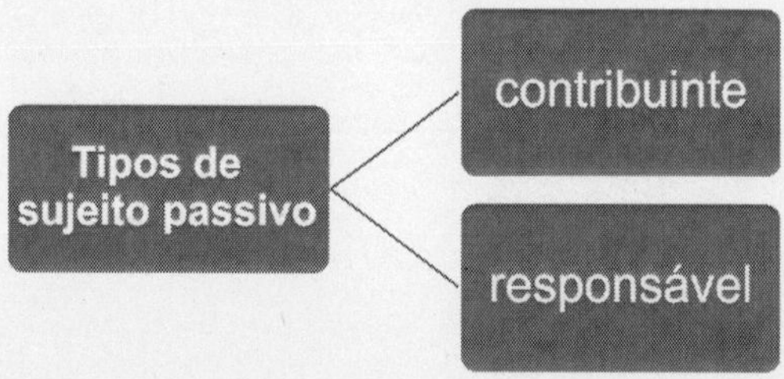

Lembre-se, de logo, que a lei foi infeliz na designação porque ambos são *responsáveis tributários* e, como está redigido o dispositivo citado, dá a impressão de que só o *responsável* é "*responsável tributário*".

Melhor seria a lei ter dito: "*sujeito passivo originário*" e "*sujeito passivo derivado*".

Enfim, importante é reiterar que ambos têm *dever jurídico* a cumprir.

Quando se trata do chamado "*responsável*", o Código Tributário Nacional arrolou dois tipos:

responsável por substituição

responsável por transferência

e contemplou o segundo desses responsáveis com três subespécies:

I — *responsável* por transferência na sucessão

II — *responsável* por transferência como terceiro

III — *responsável* por transferência nas infrações:

tudo isto resulta em um esquema geral sintetizado nas categorias adiante relacionadas:

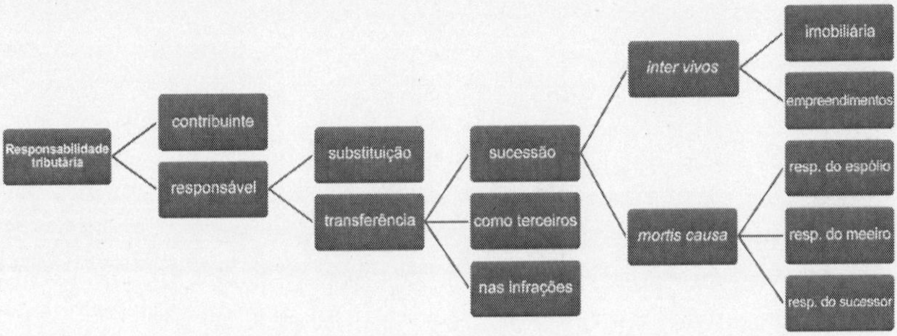

A *responsabilidade tributária* do "*responsável*" comporta um destaque quanto ao vínculo que ela mantém com a *responsabilidade tributária* do "*contribuinte*".

O Código Tributário Nacional, neste sentido, discriminou hipóteses de

- responsabilidade *exclusiva* do "*responsável*" e
- responsabilidade *subsidiária* do "*responsável*"

É *exclusiva*, nos casos de *responsabilidade pessoal* e de *solidariedade sem benefício de ordem*, como é a regra.

É *subsidiária*, nos casos de *sucessão empresarial* decorrente de ato negocial em que o alienante do empreendimento prossiga explorando a atividade ou inicie, dentro de seis meses, nova atividade no mesmo ou em outro ramo de comércio, indústria ou profissão.

Verifica-se, nesse quadro complexo, que a *responsabilidade tributária* de "*responsável*" por *transferência* na *sucessão mortis causa*, o Código Tributário Nacional arrola três categorias:

- o espólio
- o cônjuge meeiro
- o sucessor a qualquer título,

atribuindo-lhes *responsabilidade pessoal* no cumprimento de *dever jurídico* tributário específico:

> ao *espólio*, o *de dar dinheiro*, a título de tributos que o *de cujus* deveu até a data de sua *morte*.
>
> ao *cônjuge meeiro*, ao *herdeiro* e ao *legatário*, o *de dar dinheiro*, a título de tributos que ao *de cujus* forem atribuídos como devidos até a data da partilha ou da adjudicação.

Isto significa que o *espólio* responde pelos tributos devidos, em vida, pelo finado.

Consequentemente, se o *monte* não é bastante para atender aos tributos, nem por isso haverá sucessão da *responsabilidade tributária* do *de cujus*.

Ao contrário, se o *espólio*, embora *respondendo* pelos tributos devidos pelo *de cujus*, antes de sua morte, deixar, por qualquer circunstância de satisfazê-los todos, na partilha, poderão estar onerados *quinhões*, *legados* e *meação*, mesmo decorrente de sua qualidade de sócio, quando em vida, obviamente, em consequência de *responsabilidade tributária*, que não seja *pessoal* do *de cujus*, a qual não tenha sido objeto de *caducidade* ou seja *inexequível* por *prescrição* da respectiva *pretensão*.

Logo, o cônjuge *meeiro*, o *herdeiro* e o *legatário* são *sucessores tributários* do *de cujus*, ainda que findado o *inventário* e feita a *partilha* ou a *adjudicação*, por todos os tributos devidos no período de vida ou devidos no período em que se processe o *inventário*, mas, nunca *ultra vires hereditatis*.

Então, além dessa limitado de *responsabilidade* às *forças da herança*, a lei tributária impõe outras: as da *caducidade*, mencionada linhas atrás e da *pessoalidade* e, assim, pode-se ter uma

Primeira Conclusão

O cônjuge *meeiro*, o *herdeiro* e o *legatário* pagam, até o montante da *meação*, do *quinhão* e do *legado*, respectivamente, os tributos, cujo *crédito tributário* já estiver *constituído*, definitivamente, *por lançamento*, e que, ainda, seja *exequível* por não estar *prescrita* a *pretensão*; tributos devidos pelo *de cujus*, qualquer que seja a época da incidência anteriormente à *partilha* ou *adjudicação* dos bens com que faleceu.

Passa a ser importante para a *sucessão* da *responsabilidade tributária* a circunstância de o *de cujus* ter sido participante de uma sociedade mercantil, porque na *sucessão tributária*, como na *sucessão* disciplinada pelo *direito privado*, também, a herança responde pelo pagamento das dívidas do falecido e cada parte recebida pelos aquinhoados com os bens desse falecido somente responde na respectiva proporção.

São regras idênticas às dos incisos II e III do art. 131 do Código Tributário Nacional, combinado com o art. 1.792 do texto de 2002 do Código Civil.

É, ainda, importante, porque há a *responsabilidade pessoal* do *sócio* pelos tributos devidos pela sociedade, nas circunstâncias estabelecidas no Código e, obviamente, por ser *pessoal*, não há *sucessão* em relação a ela e, assim, pode-se ter uma

Segunda Conclusão

O *espólio*, o cônjuge *meeiro*, o *herdeiro* e o *legatário* não pagam, nem mesmo na proporção e circunstâncias relatadas na *primeira conclusão*, os tributos devidos pelo *de cujus*, cuja época de incidência corresponda ao período de sua vida, decorrentes de atos negociais em que a *responsabilidade tributária* é *pessoal* por força da lei.

E, ainda, assim, pode-se ter mais uma, a

Terceira Conclusão

Se o *de cujus* era participante de *sociedade mercantil*, não se confunde a *responsabilidade tributária* do *espólio*, a do cônjuge *meeiro*, a do *legatário*, por força de *sucessão tributária*, com a *responsabilidade tributária* na *transferência mortis causa* dos haveres partilhados.

Esta *responsabilidade tributária* na *transferência mortis causa* dos haveres partilhados é do *sujeito passivo originário*, isto é, do *contribuinte* e decorre da *hipótese do fato gerador*, legalmente, definida.

A incidência da norma tributária que define a hipótese do fato gerador.

Há, como explicado em várias partes desse texto, uma norma tributária que descreve *situações* ou *hipóteses de fatos*, classificados por *tipos* e, ao mesmo tempo, orientadas segundo as diretivas de uma valoração jurídica.

Essas *hipóteses* são as *figuras do fato* que devem ser realizadas no mundo dos acontecimentos sociais por intermédio de uma situação estritamente igual ao modelo normativo, sem tirar nem botar.

Tal circunstância determina, para o fim da identificação do fato figurado pela norma, que esta seja *dissecada* de modo a separarem-se todos os seus *elementos* ou partes constitutivas no sentido de verificar se correspondem ao modelo que a figura normativa pretende ser.

Redunda essa *dissecação* na *técnica da tipicidade,* que é a mais adequada forma para conseguir-se a plena compreensão dos limites que a lei dá ao fato tributável, restringindo, por esse princípio de reserva absoluta da norma, a ação dos órgãos de aplicação do direito em matéria tributária.

É através da *técnica da tipicidade* que se identificam os quatro *elementos* que constituem a *hipótese*: subjetivo, espacial, objetivo e temporal, bastando lembrar, agora, que o *elemento subjetivo*, também, chamado de pessoal corresponde à parte da *hipótese do fato* que descreve as pessoas envolvidas com esse fato por ela debuxado. Nesse *elemento.* são identificados o titular do *direito subjetivo*, (sujeito ativo) bem assim aquele que deve satisfazer a *prestação*, isto é, cumprir o *dever jurídico*, suportar os *ônus* e ficar em *sujeição* (sujeito passivo); lembrar que o *elemento objetivo*, também, chamado de material, é a parte mais relevante da *hipótese* porque identifica o *objeto* ou a *matéria* tributável fornecendo, por isso, a natureza jurídica de cada tributo por corresponder à descrição nuclear do fato jurídico tributável.[173]

O fato jurídico *sucessão* envolve pessoas do lado passivo da relação jurídica tributária que esse fato propulsionou, os quais como já dito antes têm *deveres jurídicos* a cumprir.

A norma tributária, que define esses *elementos*, incidirá, exatamente, quando eles se configurarem no mundo dos acontecimentos sociais.

É o que ocorrerá, em havendo *sucessão* aberta, o domínio e a posse do patrimônio do *de cujus* transmitem-se, de logo, aos legítimos adquirentes, configurando, no campo tributário, a incidência de norma que define *hipótese de fato gerador de tributo* sobre transferências de bens *mortis causa*.

Gize-se, por necessário, que essa norma, como toda norma jurídica, por ser o *pensamento* da *conduta humana*, nem sempre se restringe a um artigo de uma lei, por isso, a *hipótese* normativa que descreve o *fato* nem sempre se contém toda em uma única disposição legal.

Ela se constitui, muitas vezes, em diversos artigos de uma mesma lei ou de leis diferentes.

Ora, tanto é verdade o que acaba de ser afirmado, que, no direito pátrio, a norma jurídica que desenha a *hipótese do fato* é constituída a partir da Constituição, nas suas disposições que outorgam *competência* aos entes federados para tributar.

Nela está, em *termos gerais*, o *pressuposto* do *fato tributável* pelo imposto, a taxa ou a contribuição e de modo a

---

173. - cf. Brito, Edvaldo. Teoria do crédito tributário no direito brasileiro. In. Revereor, S. Paulo, Editora Saraiva. 1981, p.343 e segs. *O contrato com pessoa a declarar, no Brasil, é um pacto:* transversalidade entre direito privado e direito público. 1ª ed. São Paulo: Noeses, 2023, p.275 e segs.

que um *pressuposto* é exclusivo não servindo como *hipótese* para mais de um imposto.

É, assim, que a Constituição baliza, até o legislador infraconstitucional quando esse tem a incumbência de desdobrar a regra de *competência*, contida na Lei Maior.

Pode-se afirmar, com esses critérios legais, perfeitamente estabelecidos, que a *sucessão* se constitui em um *fato* tributável para, apenas, um imposto: aquele que os Estados ou o Distrito Federal podem instituir sobre *transmissão*, a qualquer título, de bens imóveis por natureza e acessão; sobre *transmissão*, a qualquer título de direitos reais sobre imóveis, exceto os direitos reais de garantia; sobre a *cessão* de direitos à aquisição desses imóveis ou desses direitos reais.

A *transmissão* da propriedade de bens a título de *sucessão mortis causa* não opera, propriamente, aquisição patrimonial que represente *acréscimo* porque nessa modalidade de *sucessão*, o titular dos direitos inerentes ao patrimônio transmitido já o era, sob *condição*, enquanto eles estavam sob domínio e posse do *de cujus*.

O adquirente *mortis causa* nunca tem de dar contrapartida, é sempre um adquirente *gratuito*.[174]

É do alto magistério de Galvão Telles[175] que, na *sucessão*, aflora a ideia de *identidade* de direito como traço fundamental.

Identidade de direto, ensina esse professor da Universidade de Lisboa, quer dizer que o direito se conserva o mesmo, apesar de sofrer uma alteração, a exemplo de uma mudança de titular e, nas mãos desse novo titular, o direito tem o *regime* que tinha nas do antigo.

---

174. - cf. Telles, Inocêncio Galvão. *Direito das Sucessões*, 2ª ed. Lisboa: Coimbra Editora, Ltda, 1973, p. 28 e segs.

175. - ob. cit. p.36 e segs.

E essa natureza do fenômeno *sucessório* tem impedido que vinguem as teses de incidência do imposto de renda na *transmissão* de bens por *sucessão mortis causa.*

É que o novo titular, juridicamente, não tem *acréscimo patrimonial* que, de resto, possa ser definido, legalmente, como sendo a *aquisição* de *disponibilidade* econômica ou jurídica de *produto* de capital, de *produto* do trabalho ou de *produto* de capital e de trabalho ou a aquisição de *produtos* que não compreendam a natureza do capital ou do trabalho.[176]

O Decreto-Lei nº 1.510, ao surgir em 27 de dezembro de 1976, estabeleceu a tributação, pelo imposto de renda, do lucro auferido por pessoas físicas na alienação de quaisquer participações societárias e excluiu, por regra de *não incidência*, contida na alínea "b" do seu art. 4º, as transferências *mortis causa* que, originariamente, foram tratadas como *alienações mortis causa.*

Ficou pacífico, após o advento do Decreto-Lei nº 1.579, de 11 de outubro de 1977, que nas *transferências mortis causa* não há incidência do imposto de renda, pois o valor base da partilha é custo para o herdeiro e não *acréscimo patrimonial*, porque as transferências de propriedade dos bens do *de- cujus* para os herdeiros ou sucessores, que se efetivarem por *causa* de sua *morte*, estão enquadrados na *hipótese de não incidência.* A Lei nº 7.713, de 22 de dezembro de 1988, estabelece que ficam isentos do imposto de renda os rendimentos percebidos por pessoa física adquiridos por doação ou por herança.

Tem-se que, em qualquer hipótese, carece de respaldo constitucional a incidência de outro qualquer imposto, (além do de transmissão) sobre o fenômeno *sucessório causa mortis*, enquanto o direito do cônjuge meeiro, do herdeiro e do legatário não se desincorporar dos seus respectivos

176. -cf. art. 43, I e II do Código Tributário Nacional.

patrimônios onde tiveram sido integrados por força da *partilha*. Não há que falar, por exemplo, em incidência do imposto de renda porque não se configuraram no mundo desses acontecimentos *sucessórios* os elementos que tipificam, na norma jurídica tributária, o fato gerador desse tributo: o *acréscimo patrimonial*.

Cabe aqui mais uma conclusão, a

Quarta Conclusão

Não há, na *sucessão mortis causa*, senão a incidência de um único imposto, o de transmissão, tal como definido na norma que descreve a *hipótese* do seu *fato gerador*, o inciso I, do art. 155 da Constituição, isto é, transmissão de quaisquer bens ou direitos.

4.3.1.2.2 A sucessão tributária inter vivos

O tema, aqui, é integrativo de categorias como *responsabilidade dos sucessores, responsabilidade de terceiros, solidariedade*.

Responsabilidade dos sucessores está analisada linhas supra, inclusive, a *mortis causa*.

Responsabilidade de terceiros é o de que se trata quando se quer fundamentar o *redirecionamento;*[177] mais, precisamente, o disposto nos arts. 134 e 135 do Código Tributário Nacional.

Incrível como não se vem observando a advertência de ALIOMAR BALEEIRO[178], ao comentar esses dispositivos, a partir do art. 128 do Código Tributário Nacional, os quais contêm os requisitos exigidos para a caracterização dos casos de *responsabilidade tributária inter vivos*, quando afirma: "a lei

177. - cf., por exemplo, Parecer PGFN/CRJ/N°1956/2011.

178. - cf. *Direito tributário brasileiro*. 10ª ed. rev. e atualizada por Flávio Bauer Novelli. Rio de Janeiro, Forense, 1987, p. 479.

— e só ela, de modo expresso — pode responsabilizar, pelo contribuinte, outra pessoa, *desde que vinculada ao fato gerador da obrigação tributária*". E conclui: "se a lei da pessoa jurídica de Direito Interno, competente para decretar o imposto, exclui o contribuinte, não há a *solidariedade* do art.124, II do CTN", bem assim, os casos de responsabilidade tributária dos arts. 134 e 135 "são aqueles em que o terceiro interveio em atos do contribuinte, como representante legal deste".

A opinião de IVES GANDRA DA SILVA MARTINS[179] é na mesma linha, invocando o Modelo de Código Tributário para a América Latina e o anteprojeto RUBENS GOMES DE SOUSA, entende que o Código Tributário Nacional, ao cuidar da *solidariedade*, deveria ter cuidado da *responsabilidade de terceiros* ou de *sucessores*, por tecnicamente mais próximos os campos de atuação desses institutos, ao tempo em que deveria ter colocado ao seu lado a disciplina da *responsabilidade por infrações*.

Mas, essa atecnia não impede a interpretação correta da disciplina jurídica dessas categorias.

Por isso, o Supremo Tribunal Federal decidiu que esse inciso II do art. 124 do CTN, ao estabelecer "que são *solidariamente* obrigadas 'as pessoas expressamente designadas por lei', não autoriza o legislador a criar novos casos de *responsabilidade tributária* sem observância dos requisitos do art. 128, tampouco a desconsiderar as regras-matrizes de *responsabilidade de terceiros* estabelecidas em caráter geral pelos arts. 134 e 135 do mesmo diploma".

É, consequentemente, defeso ao legislador...! que dirá ao juiz!? cuja função *jurisdicional* é dizer o *direito* no caso que lhe é apresentado com as características de uma lide a ser composta.

---

179. - cf. *Comentários ao Código Tributário Nacional*, volume 2, 6ª ed., arts.128 a 138 / coordenador Ives Gandra da Silva Martins – São Paulo: Saraiva, 2011, p. 254.

Jurisdição, ensina CHIOVENDA,[180] é uma atuação da lei, mediante uma substituição de atividade.

Logo, o juiz, no sistema *civil law*, pode até preencher lacunas deixadas pelo legislador, mas, para resolver uma questão, por causa do princípio do *non liquet*; nunca, porém, substituí-lo nas hipóteses de *silêncio eloquente*.

O *silêncio eloquente* da lei ocorre quando o legislador não quer admitir a disciplina normativa de um fato que, em princípio, não lhe é desconhecido e, por isso, intencionalmente, não o incluiu nas disposições a esse respeito.[181] É exemplo o controle de constitucionalidade das leis municipais, em virtude do *silêncio eloquente* do art. 102, inciso I, *a*, da Constituição.[182]

Distinguem-se *silêncio* e *lacuna* porque esta dá um sentido de *incompletude*[183] e, por isso, a lei aspira a uma regulação, o que não é o caso, uma vez que o legislador disciplinou de modo satisfatório a questão da *responsabilidade tributária*, tanto a *própria*, a do *contribuinte*, quanto a do *responsável*.

A *solidariedade*, por sua vez, consiste em *pluralidade* de sujeitos habitando os polos ou o *ativo* ou o *passivo* ou *ambos* da *obrigação*.

O polo plural comporta duas relações: *interna* e *externa*.

Internamente, os sujeitos plurais guardam vinculação, entre si, à qual a lei ou o contrato estabelecem.

---

180. - cf. Chiovenda, Giuseppe. *Instituciones de derecho procesal civil* (Istituzioni di Diritto Processuale Civile), vol. II: las relaciones procesales (la jurisdicción y los sujetos del proceso). Primera edición. Traducción del italiano y notas de Derecho Español por E. Gomez Orbaneja. Madrid: Editorial Revista de Derecho Privado. 1940. p. 14.

181. - cf. Larenz, Karl. *Metodologia da ciência do direito*. 8ª ed. Tradução de José Lamego. Lisboa: Edição da Fundação Calouste Gulbenkian, 2019, p. 525.

182. -cf. Almeida Neto, Manoel Carlos de. *O novo controle de constitucionalidade municipal*. Rio de Janeiro: Forense, 2010. p. 8.

183. - cf. Engish, Karl. *Introdução ao pensamento jurídico*. 6ª ed. Tradução de J. Baptista Machado. Lisboa: Edição da Fundação Calouste Gulbenkian, 1988, p.276: "*uma lacuna é uma incompletude insatisfatória no seio de um todo* [...] *jurídico*".

Externamente, os sujeitos plurais de um polo, em *bloco*, vinculam-se ao outro polo.

A *solidariedade* ocorre, propriamente, na relação *externa*.

O Código Civil é lapidar quando a define: há solidariedade quando, na mesma obrigação, concorre mais de um credor, ou mais de um devedor, cada um com direito, ou obrigado, à dívida toda.

Diz-se, então, que se configura uma *pluralidade subjetiva*, mas, com uma *unidade objetiva*, porque, se a *pluralidade* é no polo *ativo*, a *solidariedade* (ativa) significa que *qualquer um* dos sujeitos ativos está legitimado para exigir, receber e dar quitação, por todos os outros, a *prestação*, por inteiro (*unidade de objeto*). Se a *pluralidade* é no polo *passivo*, a *solidariedade* (passiva) quer dizer que *qualquer um* dos sujeitos passivos pode ser demandado para cumprir *totalmente* a *prestação* comum (*unidade de objeto*).

Essa *pluralidade subjetiva* integrada à *unidade objetiva* determina que inexista, nessa relação jurídica, a possibilidade de *benefício de ordem*.

Essa relação jurídica veicula tal sensibilidade que a sua constituição, somente, pode ser por determinação da *lei* ou por *vontade* das partes.

Não há *solidariedade pretoriana*, nem por *presunção*.

O *redirecionamento*, por todo o exposto, teria de ser *ex-lege*, defeso à jurisprudência atuar fora das determinações legais sobre *responsabilidade tributária*.

4.3.1.2.3 Contagem do prazo de prescrição no redirecionamento

O equívoco jurídico que rodeia o tema do *redirecionamento*, tal como exposto, é responsável pela discussão que se plantou sobre o termo inicial do prazo da *prescrição*, nesta hipótese, uma vez que o Código Tributário Nacional não o estabelece.

Ora, além de tudo que se expôs linhas atrás sobre a *actio nata em matéria tributária*, essa categoria — o *redirecionamento* — terá de ser configurada na pureza da inteligência do *caput* e do item III do art. 135, combinado com o item VII do art. 134, ambos do Código Tributário Nacional.

Conclui-se que, considerando a *responsabilidade tributária* daquele que interveio em atos do *contribuinte*, como seu representante legal, mas, respeitando a necessidade de ser, também, *pessoalmente* responsável e provada a *impossibilidade*, pelo fisco, da exigibilidade do crédito tributário ao *contribuinte*, é possível *redirecionar* e, então, a *actio nata* configura-se para a exigência coativa da *prestação* ao *responsável tributário*, de referência ao afloramento da *pretensão*, no mesmo momento em que se configuraria para o *contribuinte*.

4.3.2 Causas que (influem) interrompem, suspendem ou impedem a contagem do prazo de *decadência* ou de *prescrição tributárias*

O conceito é o de que a *decadência*, por natureza, não admite qualquer *causa* que perturbe o início da *contagem* do prazo para a sua ocorrência, porque começada essa *contagem* do prazo respectivo, este chegará ao fim, inexoravelmente, considerando-se a etimologia da palavra, induzindo ao significado de tudo aquilo que *perece*.

O Código Civil, contudo, excepciona essa regra ao estabelecer que o prazo de *decadência* não corre contra os absolutamente incapazes.

A *contagem* do prazo de *prescrição* comporta três causas: de *impedimento*, de *suspensão* e de *interrupção*.

As três espécies têm disciplinas diferentes.

Há *impedimento* quando as circunstâncias que o causam opõem-se ao início da *contagem* do prazo prescricional, obstaculizando-a. Ex.: não corre esse prazo nas relações entre os cônjuges, na constância do casamento; em direito tributário, não se inicia este prazo enquanto não *constituído definitivamente* o *crédito*.

Há *suspensão* quando as circunstâncias que a causam ocorrem, já *iniciado* o prazo, operando como obstáculo ao exercício do direito, paralisando-lhe o curso, para *retomá-lo* logo que cessadas as hipóteses, computando o tempo decorrido.

Há *interrupção* quando tais circunstâncias que, também, ocorrem já *iniciada* a contagem, paralisam-na *inutilizando* o período anterior já decorrido.

Tais características dessas causas impõem, pela ordem jurídica, a proteção daquele — o *prescribente* — em cujo favor corre o prazo *prescricional*; em decorrência disto, a Constituição agasalhou a matéria relativa à *decadência* e à *prescrição* tributárias e as colocou sob o manto da lei complementar de *normas gerais*.[184]

A Constituição, por óbvio, não define cada qual dessas duas categorias, cita-as no pressuposto de que já estão construídas, conceitualmente, pela Ciência Jurídica *stricto sensu*, de modo a servir à disciplina específica de qualquer ramo do Direito.

Destaque-se, por isso, que o efeito dessa disposição constitucional é o de introduzir, no direito positivo, a classificação de uma categoria tributária — *decadência* e *prescrição tributárias* — diversa da categoria comum ou ordinária, com reflexos na identificação da *actio nata*.

---

184. - cf. alínea *b*, do inciso III, do art.146: cabe à lei complementar estabelecer normas gerais, em matéria de legislação tributária, especialmente, sobre *prescrição* e *decadência* tributárias.

E, assim, deferiu-a, somente, à lei complementar de *normas gerais*, defeso à lei ordinária.

Causas de impedimento

O Código Tributário Nacional, ao estabelecer a constituição *definitiva* do crédito tributário, como momento em que se inicia a *contagem* do período *prescricional*, dispõe, apenas, sobre as causas de sua *interrupção*.

Note-se que o Código não acolhe, *expressamente*, as *causas impeditivas*, nem as de *suspensão* do início dessa *contagem*.

Admita-se, porém, que, *implicitamente*, há esse *impedimento*, considerando-se que se possa atribuí-lo, por exemplo, ao fato de, *somente*, ocorrer esta *contagem*, a partir da *constituição definitiva* do *crédito*.

Antes, dessa *constituição*, há *impedimento* para o início da *contagem*.

Causas de suspensão

Inaceitável, outrossim, em matéria de *contagem* de prazos *prescricionais* tributários, é a confusão entre a *suspensão da exigibilidade do crédito* e a *suspensão da contagem do prazo prescricional*.[185]

A inexistência, no Código Tributário Nacional — lei complementar de *normas gerais* de direito tributário — de regra expressa de *suspensão* da *contagem* desses prazos prescricionais e considerando as regras explícitas de *suspensão da exigibilidade do crédito tributário*, torna necessário examinar se os fatos acolhidos por essas regras, com a força de *suspender* essa *exigibilidade*, implicam a *suspensão* da *contagem* dos *prazos prescricionais*.

185. - cf. Brito, Edvaldo. *A constituição definitiva do crédito tributário e a prescrição*. In. Martins, Ives Gandra da Silva (Coord.). Caderno de Pesquisas Tributárias: Decadência e Prescrição. nº. 1. São Paulo: Resenha Tributária, 1976. p. 94 a 99.

Estabelece o Código Tributário Nacional que o *crédito tributário*, uma vez *constituído* e, em consequência, tornado *exigível*, pode ter a sua *exigibilidade suspensa* em razão das seis causas que indica:

a) - moratória;

b) – o depósito do seu montante integral;

c) – as reclamações e os recursos, nos termos das leis reguladoras do processo tributário administrativo;

d) – a concessão de medida liminar em mandado de segurança;

e) – a concessão de medida liminar ou de tutela antecipada, em outras espécies de ação judicial:

f) – o parcelamento

Importa, então, fixar os efeitos operados por estes episódios que implicam a cessação temporária da *exigência*, deixando-a, por isso, pendente.

Pergunta-se:

1º - *a suspensão da exigibilidade altera a natureza do crédito?*

2º - *essa suspensão paralisa a contagem do prazo prescricional?*

A *natureza* do *crédito tributário* é a de um direito pessoal, cuja *constituição* reveste-se das características do exercício de uma prerrogativa de um *direito potestativo*.

Uma vez *definitivamente constituído*, a *suspensão* da *exigibilidade* desse *crédito*, somente, pode afetar-lhe essa *natureza*, se a causa dessa *suspensão* for daquelas que ensejam a *impugnação* dessa *constituição* por defeito de forma, dado o caráter dessa prerrogativa.

A *suspensão* dessa *exigibilidade*, dogmaticamente, tem a *forma* variada supracitada.

Portanto, se a *suspensão* se efetiva pela *forma* da *moratória*, certo é que não se altera a *natureza* do crédito, porque a hipótese consiste na concessão de um prazo ao devedor, após o vencimento do termo, para cumprir a *prestação*.

Se, assim, é, então, *constituído*, *definitivamente*, já se encontra o *crédito*, uma vez que o devedor já se considera tal e não está impugnando o procedimento com que se realizou a *constituição*.

Logo, a *moratória* não implica um meio utilizado pelo devedor para *suspender* a *exigibilidade* do crédito para obter reparação da forma de sua *constituição*.

O *parcelamento* é a divisão, em partes, do montante da *prestação*.

Assim, o cumprimento de cada uma dessas frações da *prestação* não implica *satisfação exata* do sujeito ativo pelo sujeito passivo e, desta forma, não é *pagamento*.

Essa fase da *relação jurídica fiscal* já se encontra além do período de *constituição* do *crédito*, seja a *provisória*, seja a *definitiva*; bem assim, não se cogita, nessa fase, de *actio nata* por não se tratar mais de *inércia* ou de *omissão* do sujeito ativo, para uma ação nascida diante de uma *violação* ao seu *direito subjetivo de crédito*, porque o *parcelamento* ocorre em momento diverso daquele que possibilitaria qualquer ofensa a esse direito, assim, já reconhecido pelo sujeito passivo, salvo se houver a alegação de *erro*, tanto *de fato*, quanto *de direito*, na edificação desse sujeito passivo, ou na determinação da alíquota aplicável ou no cálculo do montante do débito ou na elaboração ou conferência de qualquer documento relativo ao *pagamento*.

Essa a razão de o Código Tributário Nacional aplicar, subsidiariamente, ao *parcelamento*, as suas disposições relativas à *moratória*.

Porém, a *suspensão* que decorra de qualquer das outras modalidades supracitadas, via de regra, estará, sempre, relacionada a uma impugnação desse procedimento e, por via de consequência, sob tais formas, a *suspensão* da *exigibilidade* poderá implicar alteração da *natureza*, tirando-lhe a legitimidade e, portanto, descaracterizando-o como direito subjetivo para caracterizá-lo como figura não protegida pela ordem jurídica.

E, afinal, a *suspensão da exigibilidade do crédito tributário paralisa a contagem do prazo de prescrição*?

A resposta é *não*.

Já foi exposto que a *prescrição* é uma das categorias jurídicas que consistem em disciplinar, juridicamente, a influência do *tempo* sobre as relações jurídicas, considerado, como é, o decurso de *tempo* uma causa determinante de certos efeitos atribuídos pela lei, por exemplo, os de *aquisição* e os de *extinção* de direitos.

Essa categoria tem enorme grandeza no interesse social, a ponto de ser pertinente no campo do chamado direito público, porque opera relativamente às *dívidas ativa* e *passiva* dos entes administrativos.

Contudo, à míngua de exaustivos conceitos específicos normatizados, nesse campo tributário, forçosa é a utilização dos *princípios* pertinentes de *Teoria Geral do Direito* agasalhados na dogmática do Direito Civil e caracterizadores da categoria.

Por tais razões, a questão da *paralisação do prazo prescricional* tem de ser analisada à luz desses conceitos e, de logo, coloca-se o problema dessa *paralisação*, nas três espécies em que se distingue: *impedimento*, *suspensão* e *interrupção*, conforme seja a respectiva causa, em confronto com a *suspensão* da *exigibilidade do crédito tributário.*

O direito tributário positivo brasileiro contempla, somente, uma forma de *suspensão*: a do art. 40, "*in fine*", da Lei nº 6.830, de 22 de setembro de 1980, com a redação que lhe deram as Leis nºs. 11.051/2004 e 11.960/2009.[186]

O dispositivo tem defeito de *forma* e de *conteúdo.*

A *forma* deveria ser a de *lei complementar* como requerido pela Constituição.[187]

O *conteúdo* está enviesado porque dispõe, efetivamente, sobre *suspensão* do *curso da execução judicial para cobrança da Dívida Ativa da União, dos Estados, do Distrito Federal, dos Municípios e respectivas autarquias*, hipótese em que *não correrá o prazo de prescrição.*

Há de entender-se que essa cláusula de *não correr o prazo de prescrição* e de haver a possibilidade de ser decretada a *prescrição intercorrente*, trata-se de hipótese de *suspensão* do prazo prescricional e não de *interrupção.*

Entendimento diverso implica sanção, o que seria um inadmissível efeito contrário para o beneficiário da *prescrição* que é o *prescribente*, o devedor.

---

186. - Art.40 - O Juiz suspenderá o curso da execução, enquanto não for localizado o devedor ou encontrados bens sobre os quais possa recair a penhora, e, nesses casos, não correrá o prazo de prescrição. §1º - Suspenso o curso da execução, será aberta vista dos autos ao representante judicial da Fazenda Pública. §2º - Decorrido o prazo máximo de 1 (um) ano, sem que seja localizado o devedor ou encontrados bens penhoráveis, o Juiz ordenará o arquivamento dos autos. §3º - Encontrados que sejam, a qualquer tempo, o devedor ou os bens, serão desarquivados os autos para prosseguimento da execução. §4º Se da decisão que ordenar o arquivamento tiver decorrido o prazo prescricional, o juiz, depois de ouvida a Fazenda Pública, poderá, de ofício, reconhecer a prescrição intercorrente e decretá-la de imediato. §5º A manifestação prévia da Fazenda Pública prevista no § 4º deste artigo será dispensada no caso de cobranças judiciais cujo valor seja inferior ao mínimo fixado por ato do Ministro de Estado da Fazenda.

187. - cf. alínea *b* do inciso III do art. 146.

Acrescente-se que a disciplina estabelecida por essa lei ordinária foge à *natureza* dessa categoria, porque essa *natureza* da *suspensão* da *contagem* do *prazo de prescrição* atina com causas que se fundam no *status* da pessoa, individual ou familiar (causas *unilaterais*) ou em situação especial em que se acham o titular do direito subjetivo e o sujeito passivo (causas *bilaterais*).

As primeiras *suspendem* o curso para aqueles que se tornem incapazes de agir, como é o caso de quem é, judicialmente, *interditado* ou quem fica sem representante legal.

As segundas contemplam situações de *suspensão* quando as partes, em relação às quais corria o prazo, vinculam-se, conjugalmente, pois, como dito antes, não flui o *tempo* entre cônjuges; ou quando os interessados se inserem numa relação jurídica de tutela ou de curatela (administração necessária).[188]

A questão aflorada, porém, cinge-se à hipótese de a *suspensão da exigibilidade do crédito tributário* ter ou não a eficácia de, também, *paralisar* essa *contagem*.

Por certo que esta questão é colocada diante das disposições codificadas: art. 151 e parágrafo único do art. 174.

É com fundamento nessas disposições que se sustenta a tese de que essa *suspensão* da *exigibilidade* do crédito tributário *não paralisa a contagem do prazo prescricional*, porque as causas de ambas as situações são diferentes.

Instituição de ordem pública, que é a *prescrição*, a *contagem* do prazo que a efetiva, não decorre, nas suas causas e nos seus efeitos, de obra interpretativa ou integrativa da norma que a disciplina de modo a que desviem os efeitos rígidos que a lei atribui.

188. - cf. Gomes, Orlando. *Introdução ao direito civil* 22ª ed. ob. cit. Coordenador e atualizador Edvaldo Brito; atualizadora Reginalda Paranhos de Brito. Rio de Janeiro: Forense, 2019, p. 375.

A enumeração legal dos modos de *suspensão* ou de *interrupção* ou, mesmo, de *impedimento*, tem de ser *exaustiva* diante do interesse social que resguarda.

Por tais motivos, a *paralisação* da *contagem* do prazo prescricional pela *suspensão da exigibilidade do crédito* teria de ser expressa.

Portanto, considerando-se que a *prerrogativa* de *constituir* o crédito tributário é exercício de um *direito potestativo*, ela não pode ser inibida por ato jurisdicional, salvo se o procedimento estiver sendo viciado e, assim, representar *lesão* ou *ameaça* a *direito líquido e certo*.

A *pretensão*, pela mesma razão, sendo um poder jurídico do credor de ver satisfeita a *prestação* não cumprida pelo devedor e inserindo-se, esse *poder jurídico*, no conteúdo do exercício do dito *direito potestativo* e considerando que "*dormientibus non sucurrit jus*", o ato jurisdicional referido no inciso I do art. 151 do Código Tributário Nacional (*concessão de medida liminar em mandado de segurança*) não socorre a *paralisação* do *prazo prescricional*, mas, somente, a de sua *exigibilidade*.

Logo, a ação pode ser intentada se o prazo estiver a esgotar-se, embora, essa ação gere esse efeito, apenas, a partir do despacho do juiz que ordenar a citação do devedor porque este despacho é que paralisa o *prazo prescricional*.

A *liminar* concedida no Mandado de Segurança ou na Ação Direta de Inconstitucionalidade representa um adiantamento provisório da prestação jurisdicional; assim, quando desconstituída por ato expresso do magistrado ou, na forma da lei, por decurso de prazo, a *exigibilidade do crédito tributário* se, ainda, couber a cobrança judicial, volta a ter total eficácia, mesmo que o procedimento mandamental esteja em curso; ou seja, a execução fiscal pode prosseguir.

Deve-se ter reserva, por essas mesmas razões, com a *liminar* concedida na tutela provisória — cautelar ou antecipada — para a qual se exigem os dois requisitos, de intensidade idêntica, quais sejam: o "*periculum in mora*" e a "*fumus boni juris*", porque, diferentemente do Mandado de Segurança, na tutela provisória, a concessão *liminar* é para assegurar o resultado do processo e, nestes termos, além de não estar prevista como causa de *suspensão* da *exigibilidade do crédito tributário*, também, a sua natureza não se coaduna com a da *pretensão* que, atribuindo força executória compulsória à *exigibilidade*, somente em sede de *embargos* à execução, será possível obstaculizá-la.

Causas de interrupção

O Código Tributário Nacional, mesmo arrolando as *causas interruptivas* e fixando o prazo de cinco anos, nada estabelece sobre os seus *efeitos*, por isso, há de buscar-se *integração* com o direito privado.

Eis o rol tributário:

> Art. 174. [...]
>
> Parágrafo único. A prescrição se interrompe:
>
> I – pelo despacho do juiz que ordenar a citação em execução fiscal;
>
> II - pelo protesto judicial ou extrajudicial[189];
>
> III - por qualquer ato judicial que constitua em mora o devedor;
>
> IV - por qualquer ato inequívoco ainda que extrajudicial, que importe em reconhecimento do débito pelo devedor.

Essas *causas*, com pequena diferença, são as mesmas da lista do Código Civil; mas, nesse documento normativo, além dos prazos, também, há regras, inclusive, sobre os *efeitos*. "*In verbis*":

---

189. - cf. redação dada a essa disposição pela Lei Complementar nº208, de 02 de julho de 2024.

> A interrupção da prescrição, *que somente poderá ocorrer uma vez*, dar-se-á:
>
> I - por despacho do juiz, *mesmo incompetente*, que ordenar a citação, *se o interessado a promover no prazo e na forma da lei processual*;
>
> II - por protesto, *nas condições do inciso antecedente*;
>
> III - *por protesto cambial*;
>
> IV - *pela apresentação do título de crédito em juízo de inventário ou em concurso de credores*;
>
> V - por qualquer ato judicial que constitua em mora o devedor;
>
> VI - por qualquer ato inequívoco, ainda que extrajudicial, que importe reconhecimento do direito pelo devedor.
>
> Parágrafo único. *A prescrição interrompida recomeça a correr da data do ato que a interrompeu, ou do último ato do processo para a interromper.*
>
> *A prescrição pode ser interrompida por qualquer interessado.*
>
> *A interrupção da prescrição por um credor não aproveita aos outros; semelhantemente, a interrupção operada contra o codevedor, ou seu herdeiro, não prejudica aos demais coobrigados.*
>
> A interrupção por um dos credores solidários aproveita aos outros; assim como a interrupção efetuada contra o devedor solidário envolve os demais e seus herdeiros.
>
> A interrupção operada contra um dos herdeiros do devedor solidário não prejudica os outros herdeiros ou devedores, senão quando se trate de obrigações e direitos indivisíveis.
>
> *A interrupção produzida contra o principal devedor prejudica o fiador.*

As *causas* que arrola a lei de *normas gerais* de direito tributário, sendo quase as mesmas da lei civil, reclamam *integração*.

As regras de *integração* da legislação tributária são estabelecidas pelo próprio Código Tributário Nacional, legitimado, para tanto, pela Constituição da República Federativa do Brasil, devendo ser adotadas como *interpretação integrativa*.

Dois aspectos apreendem-se nessa adoção:

O *primeiro* é que a *interpretação* é um *ato de criação* e o *segundo* é que o "*Estatuto do Contribuinte*"[190] legitima ponderação feita pela autoridade responsável pela realização da *técnica da tipicidade*, a qual consiste em o *intérprete* dissecar a *hipótese do fato gerador* quando ocorrer um acontecimento da *vida de relação*, a fim de identificar, nele, a efetivação da *facti species* debuxada nessa *hipótese*.

A *interpretação* não se compadece, apenas, em ser um meio de "estabelecer as possíveis significações de uma norma jurídica" — na afirmação de KELSEN[191] — porque sendo um *ato de criação* é uma atividade espiritual que se refere a um *ato anterior*, por isso, BETTI[192] faz, de logo, "compreender que não se trata de criação autônoma, originária e livre, senão de um criar subordinado, derivado, vinculado a uma objetividade irredutível: a do preceito a interpretar, enquadrado na ordem jurídica, de que forma parte", entendido que esse *ato anterior* é produzido em um

---

190. 1. *Competência tributária da entidade intraestatal* arts. 145, 147, 148, 149, 153, 154, 155 e 156
.1.1..territorialidade da tributação
.1.2..proibição da bitributação
2. *Legalidade* art. 150, I
.2.1. irretroatividade art. 150, III, *a*
.2.2. anterioridade art. 150, III, *b*
..2.2.1. espera nonagesimal – art.150, III, c
.2.3. anualidade art. 165, § 2º
.2.4. tipicidade art. 145, I a III, e 146, III
.2.5. eficácia da lei complementar art. 146
3. *Isonomia* art. 150, II
..3.1. capacidade contributiva art. 145, § 1º
.3.2. não cumulatividade
4. *Proibição do efeito tributário confiscatório* art. 150, IV
5. *Garantia da unidade econômica e social* arts. 150, V, 15 I, I e II, e 152
6. *Imunidade* art. 150, VI

191. - cf. Kelsen, Hans. *Teoria pura do direito*, 3ª ed. Trad. de Dr. João Baptista Machado. Coimbra. Armenio Armado – Editor, Sucessor. 1974, p. 472.

192. - cf. Betti, Emilio. Interpretacion de la ley y de los actos juridicos. Traducción y prólogo por Jose Luis de los Mozos. Madrid: Editorial Revista de Derecho Privado/ Editoriales de Derecho Reunidas. 1975, p. 139.

tempo para ter incidência em outro, sobre a *facti species*, por ele debuxada.

As *normas de interpretação*, no propósito de identificar a sua inteligência, ensejam uma classificação. São três as espécies:

Regras de colmatação

Regras de integração

Regras específicas de interpretação

I) - As *regras de colmatação*

Disciplinam a forma de incidência da legislação tributária, relativamente, a um fato que ocorra, quando há omissão da fonte normativa disciplinando-o.

O Código Tributário Nacional hierarquiza a utilização dos critérios para a *interpretação*, nessas hipóteses de anomia.

Assim, nesses casos, a fonte normativa defere, a quem tem a incumbência de efetivar a incidência da norma sobre o fato, a decisão de utilizar-se, em *ordem sucessiva*, da *analogia*, dos *princípios gerais do direito tributário*, dos *princípios gerais do direito público* ou da *equidade*.

Primeiro – a *Analogia* consiste em buscar-se uma similitude ou paridade entre o fato ocorrido — que não seja substrato de nenhuma norma expressa — e um outro, que é *facti species* expressa em uma norma, cujas características, em ambos, assemelham-se e estão, típica e normativamente, configuradas.

A *interpretação analógica*, porém, não se confunde com a *interpretação extensiva* porque esta nao é, propriamente, uma operação que ocorre na ausência de norma expressa, considerando-se que a fonte normativa, na *interpretação extensiva*, já autoriza o *intérprete* a incluir no *tipo*, que ela moldou, todo o seu desdobramento, que venha acontecer no futuro, na expectativa de que a conduta humana, sucessivamente, produzirá situação que se comportará como incremento da descrição originária da *facti species* normativa moldada.

Assim, nada impede, à fonte normativa autorizada, espeçar o conteúdo dessa norma desdobrável. É o exemplo dos *serviços de qualquer natureza*, que compõem a *materialidade* da hipótese do fato gerador do ISS – imposto sobre serviços de qualquer natureza — quando a definição da lei complementar *integrativa* da Constituição formula o modelo tributável com apelo à *extensão*, mediante a palavra *congênere*.

A *fonte normativa autorizada*, neste caso, é o legislador municipal, a quem incumbe emitir a norma de organização desse tributo.

Homenageando o *princípio da legalidade* do *tipo cerrado*, essa técnica da *analogia* não pode ser empregada de modo a resultar na exigência de ISS fora da definição da lei complementar, esticando a lista no sentido vertical, nem a *interpretação extensiva*, mesmo a do legislador municipal, autoridade autorizada a desdobrar o *tipo*, poderá desrespeitar o *gênero* descrito na *facti species*, que somente agasalha objeto de natureza comum à sua, ou seja, *congênere*.

Segundo - *Princípios gerais do direito tributário* - Um *princípio* é uma *norma jurídica*, dado que ele está dentro da ordem jurídica com eficácia *deôntica*.

Esta sua *natureza* deôntica impede que se busque distinguir entre *princípio* e *norma jurídica*.

Princípio é, também, *norma jurídica*.

O certo é, portanto, dizer que existem *normas jurídicas* que são *princípios* e outras que não o são, porque, em *natureza deôntica*, não há diferença.

As *normas*, que o são, recebem da ordem jurídica uma *função* de atuar no *sistema jurídico* como "*cabeça de capítulo*", por isso, são geradoras de premissas condicionantes da validez e da eficácia das demais normas.

O Direito Tributário agasalha-os, desde a Constituição Federal, sendo o Código Tributário Nacional a lei *integrativa*.

Dentre eles, como visto no "*Estatuto do Contribuinte*" cite-se: o *Princípio da legalidade tributária*, cujo conteúdo desdobra-se em outros: *anualidade, anterioridade, tipicidade, irretroatividade, eficácia da lei complementar, incompatibilidade de medida provisória em matéria tributária.*

O *princípio da legalidade* e um dos seus corolários, o da *tipicidade* tributária, sugerem, no Código Tributário Nacional, a noção de *legislação tributária*;[193] a classificação desta em normas principais e secundárias; a sua *hierarquia*; as características da lei, incluindo a *matéria de reserva legal*, a *vigência* e *eficácia* da lei, a *aplicação* da lei, a *interpretação* e a *integração* da lei, sem esquecer as peculiaridades da *interpretação* das demais normas tributárias.

3º - *Princípios gerais do direito público* – Estão, primordialmente, na Constituição formando um subsistema quanto à matéria tributária, regendo a competência tributária, suas restritas exceções e as sanções expressas,

193. - cf. Brito, Edvaldo. *Direito tributário: imposto, tributos sinalagmáticos, contribuições, preços e tarifas, empréstimo compulsório*. São Paulo: Atlas, 2015, p.14: é um *conceito* amplo porque os seus elementos revelam dois aspectos de grande abrangência; *primeiro* porque ele engloba toda e qualquer espécie de norma jurídica, seja esta apresentada pela lei constitucional, seja por um ato administrativo. Abrange todas as *formas* de norma jurídica. *Segundo*, porque *Segundo*, porque não é necessário que o ato normativo cuide somente de matéria tributária, ou seja, pode a legislação estar cuidando de outra situação, mas, pelo fato de veicular normas tributárias passa a ser considerada "*legislação tributária*", portanto, não importa qual é a abrangência dentro do próprio ato normativo sobre a matéria tributária; pode ser um único artigo do contexto que trate de tributo ou de suas relações jurídicas para que o ato enquadre-se no *conceito*. E para que essa preocupação de tipificar? Para dizer-se que, se o ato for caracterizado como tal, passa a ter uma *vigência* disciplinada por regras *específicas*, uma *aplicabilidade* submetida a regras *específicas*, uma *interpretação* e uma *integração* regradas *especificamente*.

desdobrando-se pelos mencionados *princípios*: anualidade, anterioridade, tipicidade, irretroatividade, eficácia da lei complementar e incompatibilidade de medida provisória em matéria tributária.

4º - *Equidade* - É uma *interpretação* que se faz com base na *razoabilidade*, podendo-se afirmar que sua origem está na célebre definição de CELSO[194], segundo a qual *ius est ars boni et aequi*, considerando-se, assim, que, no período clássico, os juristas romanos entendiam o *direito objetivo* penetrado pela *aequitas* e, portanto, deveria ser um *direito justo*, pois, a *aequitas* era *quod naturalis ratio persuasit*, ou seja, aconselhada pela razão natural.

Lembre-se, contudo, de ARISTÓTELES[195] que antes já se preocupou com a *equidade*, nessa linha do *justo*, dizendo-o equidistante como o juiz o é. Por isso, o magistrado restabelece a igualdade.

Significa, então, se o *direito objetivo* é a *arte do bom e do justo*, a *interpretação* da norma, assim, veiculada, abstratamente, deve ser feita em consonância com as circunstâncias do tempo de sua incidência, fazendo-se justiça no caso concreto, por isso diz-se que a *equidade* é a técnica de abrandamento ou de adequação da regra fria, abstrata produzida em um tempo diverso daquele em que a *facti species* está ocorrendo, concretamente.

Ora, é certo que o *princípio da legalidade do tipo cerrado* impede que o emprego da *equidade* resulte em dispensa do cumprimento da *prestação*, sob pena de ferir o *princípio da igualdade* necessária para preservar a *isonomia* entre sujeitos passivos da obrigação tributária que se encontrem

---

194. - cf. *Corpus iuris civilis: Digesto: Livro I.* Equipe Responsável: coordenação e tradução Edilson Alkmim; Antônio Augusto Catão Alves [et al.]. Brasília: TRF1, ESMAF, 2010, p. 23.

195. - cf. *Ética a Nicômacos*. 4ª ed. Trad. de Mario da Gama Kury.; Brasília: Editora Universidade de Brasília c1985, 2001, p. 98.

em *situação equivalente*; contudo, é certo, também, que a identificação dessa *situação equivalente* para o efeito da *exigibilidade* dessa *prestação* pode ser conformada de acordo com as circunstâncias nas quais se dará *efetividade* à norma esboçada em outro tempo, a fim de respeitar o princípio *rebus sic stantibus*, pois, a *hipótese do fato gerador* da obrigação tributária é um juízo formulado para valer *se* e *quando* ocorrer a *facti species*; portanto, pressupõe que o debuxo será preservado *enquanto estiverem, assim, as coisas*, correspondendo à situação de fato existente no momento do esboço da norma, não podendo permanecer se houve rompimento dessa situação, resultante de mudanças substanciais de forma *extraordinária, imprevisível* e não prevista, durante a elaboração da norma as quais modificam o equilíbrio inspirador da situação substrato da norma, subordinando-se ao estado de coisas da época da formulação do juízo do lesgislador.

Ora, os atos praticados pelos particulares submetem-se a *princípios ético-jurídicos* que, pelo seu conteúdo material de justiça, podem ser entendidos como manifestações e especificações especiais da ideia de Direito, tal como se revela na consciência jurídica geral, não só neste estágio de evolução histórica, como no passado do Direito Romano, no período histórico, em que CELSO cunhou a definição que conduz ao entendimento da *equidade* que tem a possibilidade de levar o juiz, ao aplicar o texto genérico da lei, às peculiaridades específicas do caso, pois, *impossibilium nulla obligatio est*.

Esses *princípios ético-jurídicos* têm, em muitos casos, o escalão de norma constitucional, como o são os *princípios gerais de direito publico*, outros estão nas leis infraconstitucionais ou nelas se ancoram como uma sua inferência. É o caso do *princípio da boa-fé*, hoje, identificado no seu duplo significado de *boa-fé objetiva* e *boa-fé subjetiva*, sem esquecer o *princípio da culpa in contrahendo* desenvolvido por IHERING, pela primeira vez, no ano de 1861.

A pergunta impõe-se: somente se respeita a *ética* nas relações entre particulares? Logo, nas relações em que o Estado participa, ele que goza da *presunção de legitimidade* na prática dos atos das autoridades que o representam, é que se dispensariam esses fundamentos da convivência humana?

Conclua-se que, por todo o exposto, não pode ser estranho ao mundo do chamado direito público, tudo que em *eticidade* há no direito privado para reger o comportamento humano na *vida de relação*.

O Código Tributário Nacional trilhou esse caminho, especialmente, ao incluir a *equidade* entre as *regras de colmatação* de lacunas.

O *intérprete* pode incorporar, fazendo adaptações, as regras sobre a *decadência* e a *prescrição* contidas na parte geral do Código Civil.

Essa incorporação de categorias do direito privado somente seria vedada se se o fizesse com o objetivo de inibir o *efeito tributário* do cumprimento da *prestação* em si.

II) - As *regras de integração*

São aquelas que dão completude à consciência de quem está no *processo cognoscitivo* que é, sempre, orientado a valores, destinado a promover a incidência do direito positivo frio, genérico, abstrato, feito em um tempo distante daquele no qual se tem de fazer a *justiça* no caso concreto, mas, a ausência de norma expressa, debuxando a *situação nova*, dificulta esse *processo*.

O legislador do Código Tributário Nacional, tal como se anunciou linhas atrás,[196] a par das *regras de colmatação*,

---

196. - cf. p. 117.

estabelece as duas de *integração* com o direito privado e com as normas do próprio direito público de hierarquia diferenciada da sua: *uma* regra é dirigida ao *intérprete*, propriamente dito (art. 109); a *outra* é dirigida ao *legislador* que exerce a *competência tributária* (art. 110).

A *regra dirigida* ao *intérprete*, permitindo a *integração* com o direito privado, tem por objeto atender à necessidade de o *intérprete* discernir sobre um *princípio* de direito privado que, no caso, será, sempre, pinçado no Direito das Obrigações, a exemplo de: pagamento, quitação, princípios gerais do contrato, abuso de forma, defeitos e invalidade do negócio jurídico, procuração em causa própria, estado de perigo do sujeito passivo, lesão, *decadência, prescrição.*

A *integração* consiste na busca da completude do pensamento de quem necessita utilizar-se de uma norma do direito positivo, para fazer justiça no caso concreto, mas ela não existe, de modo expresso e, então, há de socorrer-se do campo do conhecimento específico, estranho ao direito tributário, em cujo seio haja norma que ajude a completar o juízo necessário ao entendimento do *intérprete* — o julgador, por exemplo — que, assim, deduzirá, dele, os *preceitos naturais*, *preceitos das gentes* ou *preceitos civis*, isto, mesmo quando se depare, o *intérprete*, com *antinomia*, ainda que *aparente*, como ocorre entre o inciso III do art. 125 do Código Tributário Nacional e o art. 204, *caput*, do Código Civil.

Aparente, porque o Código Tributário Nacional há de prevalercer em face dos critérios normativos estabelecidos pelo Código Civil.

Por isso, que essa utilização, por *integração*, é vedada se o *intérprete* aproveitar-se dela para definir os *efeitos tributários*, tais como: *exigir* tributo não *tipificado* em lei ou para *dispensar* o cumprimento de *prestação* quando, legalmente, devida.

A *regra dirigida* ao *legislador*, que exerce a *competência tributária*, limita-lhe a atribuição, ao exigir-lhe fidelidade aos supramencionados *preceitos naturais*, *preceitos das gentes* ou *preceitos civis* utilizados, expressa ou implicitamente, pela Constituição Federal, pelas dos Estados ou pelas Leis Orgânicas dos Municípios, que são normas do próprio direito público de hierarquia diferenciada da sua.

Aqui, a lista não é elaborada, apenas, com os princípios constitucionais tributários *stricto sensu*, (*Estatuto do Contribuinte*), citados linhas atrás.

Incluem-se outros tantos agasalhados, expressamente, pela Constituição, a exemplo daqueles que informam o *princípio republicano*, quais sejam: da *cidadania*; da *dignidade da pessoa humana*; dos *valores sociais do trabalho e da livre-iniciativa* (art. 1°) e do *princípio* reitor do *Estado dualista do desenvolvimento promotor do bem-estar social* estabelecido no art. 3°. Tudo isto é *integrativo*.

III) - As *regras específicas de interpretação*

Existem as regras *específicas* de *interpretação* da *legislação tributária*: estão explicitadas nos arts. 111 e 112 do CódigoTributário Nacional.

A especifidade encontra-se na determinação legal para que se atribuam critérios próprios para a *interpretação* das normas disciplinadoras das modalidades de *suspensão* e de *exclusão* do crédito tributário e das normas *sancionatórias*.

Aqui, cabe recordar que o *crédito tributário* passa por três fases:[197] crédito *existente* quando um *fato* (gerador) realiza de modo estrito a *facti species* debuxada pela *hipótese* normativa; crédito *exigível* quando se procede ao *lançamento tributário*, identificando-se o crédito *existente* em todas as suas características; crédito *exequível*, quando

---

197. - cf. p. 38.

ocorre *inadimplemento* da *prestação* correspondente ao *crédito exigível* e o sujeito ativo é levado a promover a *execução forçada*.

As modalidades de *suspensão* e de *exclusão* pressupõem um crédito *existente*, portanto, somente se aplicam após o procedimento de *lançamento tributário*, isto é, na fase em que ele é *exigível*, ou seja, aquele que se submeteu a uma *atividade* administrativa *vinculada* e *obrigatória*.

O exposto faz saber porque a *interpretação* da norma que rege essas modalidades tem de ser *literal*, assim entendida aquela *interpretação* que exige a busca do significado das palavras utilizadas pelo legislador para definir a situação.

O conteúdo *semântico* de cada *signo* deve ser adotado, nessa *interpretação*, tal como a sua acepção é marcada nas relações *semióticas*, dispensado o significado que decorre das suas propriedades *sintáticas* e *pragmáticas* que, por ventura, envolvam a utilização das normas pelo *intérprete*.

Já as normas *sancionatórias interpretam-se* da maneira mais favorável ao acusado, mas, somente, quando haja *dúvida* nas hipóteses listadas pelo Código, porque a regra geral, fora dessas hipóteses, é a de que a *dúvida* conduz à solução em favor do fisco — *in dubio pro fiscum*.

É uma *interpretação benigna* que exige, de quem se utiliza da norma, fazê-lo da forma que atenda aos fins sociais a que ela se dirige e às exigências do bem comum.[198]

A *intepretação*, nestes termos, é *in bonam partem* porque considera o grau de *interpretação* da norma *sancionatória*, a fim de evitar que, o seu aplicador, *interprete* o fato, admitindo *ilicitude* onde não há, pois, a fonte normativa

198. -cf. Ar. 5º do Decreto-Lei nº 4.657 de 04 de setembro de 1942, Lei de Introdução às normas do Direito Brasileiro, com a redação dada pela Lei 12.376 de 30 de dezembro de 2010.

não foi, com o *jus puniendi*, ao nível de pensamento a que pode chegar o julgador.

Essa *interpretação*, por ser *benéfica*, é utilizável, aqui, quanto às normas tributárias, nos limites permitidos pelo direito tributário positivo brasileiro.

Anote-se, de logo, a inconstitucionalidade da Lei nº 8.137, de 27 de dezembro de 1990, em face de a Constituição exigir lei complementar para reger o *inadimplemento da prestação* (letra "b", do inciso III, do art. 146), por isso, que se deve respeitar a sua regra *integrativa* contida nos arts. 136 a 138 do Código Tributário Nacional.

Também, por isso, o chamado *direito penal garantista* entende que será *in malam partem* quando o *intérprete* acresce o *jus puniendi* para além do *tipo cerrado* descrito pela fonte normativa e *in bonam partem* quando ele o limita, diante de circunstâncias em que a *tipicidade* não está configurada.

Essa gradação para cima, já se vê, não se compadece com o sistema jurídico que adota o princípio da *tipicidade cerrada*, quando se pretenda definir uma ilicitude como *crime* onde o legislador não o fez ou para exigir *tributo* onde a lei não define o fato como tal.

O Código Tributário Nacional é expresso, perfilhando a *interpretação benéfica*, ao determinar, no seu art. 112, que a *interpretação* da *lei* tributária, que define *infrações* ou que lhe comina *penalidades*, deve ser feita de *maneira mais favorável ao acusado*, nos casos que especifica.

Este diapasão do art. 112 do Código Tributário Nacional serve para medir a *interpretação* das outras normas tributárias, que não a legal — dada a amplitude do conceito de *legislação tributária*, o qual abriga categorias normativas para além daquelas definidas como *lei* — porque a *equidade*, que consiste na *interpretação* pela razoabilidade, só não pode ser empregada no Direito Tributário — repita-se, por necessário — se dela resultar *dispensa* do pagamento do *tributo* devido por *lei*, quando se configurar o *tipo cerrado*.

A *equidade*[199] — como já se viu antes — corporifica o *justo*, que é um dos pilares do monumental sistema jurídico dos romanos; mas, no sistema que perfilha a *tipicidade cerrada*, para a *exigência* do *tributo*, ela poderia resultar em proibida *dispensa* do cumprimento de uma *prestação* que a lei tenha determinado e que tenha sido apurada nos limites da *capacidade contributiva*.

Todo o exposto revela a *função* da *interpretação integrativa* que autoriza aplicar no entendimento da *interrupção* da contagem do prazo de *prescrição tributária*, também, as regras do Código Civil descritas, anteriormente,[200] e, então, no campo tributário, a *interpretação* resultaria nos termos a seguir expostos, isto é, com o acréscimo das expressões em itálico:

> A interrupção da prescrição, *que somente poderá ocorrer uma vez, dar-se-á*:
>
> I - por despacho do juiz, *mesmo incompetente*, que ordenar a citação, *se a Administração a promover no prazo e na forma da lei processual*;
>
> II - por protesto judicial ou extrajudicial, *nas condições do inciso antecedente*;
>
> III - *por protesto cambial*; na medida em que se mantenha a esdrúxula equiparação da certidão de dívida ativa ao título cambial;
>
> IV - *pela apresentação da certidão de dívida ativa, em juízo de inventário ou em concurso de credores*, para assegurar as garantias e privilégios legais do crédito tributário;
>
> V - por qualquer ato judicial que constitua em mora o devedor;

---

199. - jus est ars boni et *aequi* = o Direito é a arte do bom e do *justo*.

200. - cf. p. 151.

> VI - por qualquer ato inequívoco, ainda que extrajudicial, que importe reconhecimento do direito, pelo devedor.
>
> *A prescrição* tributária *interrompida recomeça a correr da data do ato que a interrompeu, ou do último ato do processo para a interromper.*

A *interrupção*, portanto, como já se viu supra, *inutiliza* o tempo já transcorrido; faz *recomeçar* a correr o prazo porque se *reconta* o tempo, diferentemente da *suspensão* que detém, temporariamente, o curso, valendo o período já decorrido; tudo isto, porém, ressalvadas as *dívidas passivas* da Fazenda ou da União, dos Estados e Municípios, porque são regradas pelo Decreto nº 20.910 de 06 de janeiro de 1932, com a redação que lhe deu o art. 3º do Decreto-Lei nº 4.597 de 19 de agosto de 1942.

Ora, os *efeitos* das causas *interruptivas* sobre a fluência do prazo prescricional não podem ser igualados aos das causas que a *suspendem*; logo, mesmo esses *efeitos* não estando regrados no direito positivo tributário brasileiro, tem-se construída a conclusão de que essas causas, ao serem afastadas, geram o *efeito* de reinício da contagem, enquanto que, na *suspensão*, aproveita-se o tempo decorrido até o seu surgimento.

O protesto extrajudicial

A Lei Complementar nº 208, de 02 de julho de 2024, deu nova redação ao inciso II, do parágrafo único do art. 174 do Código Tributário Nacional, buscando superar um *vício de forma* resultante da inclusão, por via da lei ordinária nº 9.492, de 10 de setembro de 1997 — redação dada pela lei nº12.767, de 2012 — do parágrafo único ao seu art.1º, das *certidões de dívida ativa* da União, dos Estados do Distrito Federal e dos Municípios e das suas respectivas autarquias fundações públicas, como títulos sujeitos a *protesto*.

Admitindo-se — somente, para argumentar — que o *vício formal* tenha sido superado, restam duas situações irregulares:

A *primeira* é referente aos litígios anteriores a esta lei complementar, em relação aos quais o vício remanesce.

A *segunda* é no sentido de que o *vício material* não pode ser superado por essa lei complementar, considerando-se que essa *forma* não modifica a *essência* da *certidão de dívida ativa*, cuja *natureza jurídica* não se coaduna com as dos *títulos cambiais* — aos quais se aplica o *protesto extrajudicial* — porque essas duas categorias integram relações jurídicas diversas.

HUSSERL[201] esclarece que o conhecimento das ciências do espírito — e o Direito é objeto de uma delas — é *imanente*, porque é um conhecimento intuitivo da *cogitatio*; ele atinge um *ser* que se encontra no âmbito da consciência.

Assim, identificadas as propriedades de um *ser*, sempre que elas se tornam evidentes, esse *ser* é sempre igual a si mesmo: **A** é igual a **A** que é o *princípio da identidade* (**A**=**A**), na Lógica, que não admite **A** = **ñA** (*princípio da contradição*).

E completa esse autor: o *apreender com plena clareza* tem a vantagem de permitir por *essência* identificar e distinguir, explicitar, referir, etc., em forma absolutamente indubitável, o que é o mesmo o levar a cabo com evidência intelectual todos os atos lógicos.[202]

Consequentemente, há necessidade de identificar, em *essência*, cada qual das duas *relações jurídicas*, a fim de demonstrar o desacerto de *protesto extrajudicial* para interromper o prazo da *prescrição* da *pretensão* de um credor

201. - cf. Husserl, Edmund. *A ideia da fenomenologia*. Lisboa: Edições 70, p. 23.

202. - cf. Husserl, Edmund, *IDEAS relativas a una fenomenologia pura y una filosofia fenomenológica*. Traducción de José Gaos. México – Buenos Aires: Fondo de Cultura Económica. 1985 p. 154.

que tem o domínio da *constituição* do seu próprio direito de crédito e do *surgimento* da *actio nata.*

Efetivamente, a *relação jurídica tributária* tem suas próprias características, entre as quais o procedimento de *liquidação da obrigação* tributária.

4.3.2.1 Natureza jurídica do protesto e da certidão de dívida ativa

O abuso do protesto, mesmo o cambial, está condenado na advertência do Desembargador PEDRO VIEIRA MOTA.[203]

O inadimplemento da *prestação* de uma obrigação tributária é disciplinado pelos arts. 201 e seguintes do Código Tributário Nacional.

O *procedimento* para apuração do valor dessa *prestação*, traduzida pelo *direito subjetivo* do credor, passa pelas três fases, anteriormente, descritas: crédito tributário *existente*, *exigível* e *executável.*

---

203. - "O protesto cambial, um instituto destinado, classicamente, apenas a registrar de maneira certa a falta de aceite ou pagamento dos títulos cambiais, para segurança do mundo comercial, tem sido usado, abusivamente, para ameaçar o comerciante e extorquir aceites e pagamentos, em pura chantagem.

O espírito de aventura e ganância identificou na rigidez do instituto do protesto cambial mais uma brecha de nosso Direito Comercial: se é só requerer, e o protesto sai, então basta ameaçar com ele, e comerciante, temendo o abalo do crédito, ajoelha-se, e paga. O resultado foi a calamidade que aí está. Cidadãos e empresas são compelidos, sob ameaça de protesto, aceites ou pagamentos que precisariam discutir e acertar, ou que não devem mesmo de forma alguma. Diariamente, na Vara dos Registro Públicos, em São Paulo, advogados ofegantes, mesmo de grande empresas, instam pela sustação de um protesto cambial. E o instituto do protesto, que se destinava a dar segurança e tranquilidade, tornou-se fonte de insegurança e sobressalto para o comércio paulista. E o mesmo sucede nas demais praças comerciais, naturalmente em escala correspondente ao seu vulto. Isso pelo Brasil afora, de norte a sul.

O abuso vai transmudando o instituto do protesto em ameaça geral, e assim, ameaça o próprio instituto, porque este, se acabasse por degenerar e simples espada de Dámocles, pairando sobre o mundo dos negócios, teria de ser abolido, por desservir aos fins para que foi criado.

Eis aí o abuso do protesto cambial e sua gravidade".

Repita-se:

Existe o crédito quando se constata a ocorrência *fato gerador*, tal como descrito na lei.

Exige-se o crédito mediante o *lançamento* realizado após a constatação da ocorrência do *fato gerador*.

Executa-se o crédito quando constatada a ocorrência do *fato gerador* e feito o *lançamento*, o contribuinte *inadimple* e, então, inscreve-se em *dívida ativa*, expede-se a respectiva *certidão* e se leva ao juiz para a execução forçada.

Esta *certidão* não se submete a *protesto* porque não é *título cambial*, uma vez que não decorre de *autonomia da vontade* por não se tratar de instrumento de negócio jurídico.

Com efeito, dispõem os arts. 201 a 204 do Código Tributário Nacional sobre a *dívida ativa* e não autoriza o *protesto cambial*. Somente este Código poderia dispor sobre a matéria, "*ex-vi*"' do art. 146, III, "a" e "b" da Constituição Federal.

Essa Lei Complementar nº 208/2024 não pode mudar a *essência* da *certidão de dívida ativa* que, como dito antes, resulta da *liquidação da obrigação* feita pelo próprio credor, portanto, uma relação que não decorre de *autonomia da vontade*.

O *protesto extrajudicial*, somente, cabe, assim, quanto ao *título cambial*, e tem origem no Decreto nº 737 de 25 de novembro de 1850, que disciplina o processo comercial e tem ele aplicação específica às letras de câmbio, da terra, de risco, conhecimentos de frete passados à ordem e endossados, *apólices de seguro* endossadas e notas promissórias endossadas (art. 370). O art. 371 desse documento normativo diz quando o *protesto* dessas *letras* é necessário e *não inclui o inadimplemento de prestação* entre tal necessidade, tanto mais se a *prestação* for de *natureza tributária* a qual tem suas próprias *garantias* e goza de *privilégios*.

Prestação de *natureza tributária*, terá de ser cobrada pelo procedimento legal específico previsto no Código Tributário Nacional.

Com efeito, dispõem os arts. 201 a 204 do Código Tributário Nacional sobre a *dívida ativa* e não lhe revelam, na *essência*, uma disciplina jurídica própria de *prestação* decorrente da *autonomia da vontade*.

A *certidão de dívida ativa* tem *origem* diversa daquela de documento nascido de *autonomia da vontade*, porque ela tem regramento próprio, o qual tem fundamento de validez direto na Constituição e é integrativo desta, por isso, *não pode ser alterado esse regramento*, com ofensa à *essência* da categoria jurídica.

Só a título de exemplo, a formação do *vínculo* obrigacional tributário não depende do requisito do "ACEITE" que é intrínseco à formação do *vínculo* obrigacional formado pela *vontade* das partes e é um dos elementos fundamentais constitutivos do *protesto* (cf. § 1º do art. 371 do Decreto nº 737/1850).

O objetivo do *protesto extrajudicial* é constituir o devedor em *mora*, por falta de ACEITE; esta é a razão de esse *protesto*, somente, poder "ser aplicado a documentos representativos de dívidas líquidas e certas, que são os títulos de crédito".[204]

A *prestação* tributária, mesmo regularmente inscrita em *dívida ativa*, apenas goza de *presunção juris tantum* e por isso pode ser ilidida por prova inequívoca a ser produzida na execução.

CARVALHO DE MENDONÇA ensina que o *protesto* "é a formalidade destinada a servir de prova da apresentação

---

204. - cf. Oliveira, Edison Josué Campos de. *Protestos de títulos e seu cancelamento*. 3ª ed. São Paulo: Revista dos Tribunais. p. 12.

da letra de câmbio, no tempo devido, para o aceite e para o pagamento".[205]

A *mora*, se houver, no caso da *prestação* da *obrigação tributária*, é revelada pela inscrição, em *dívida ativa*, do *crédito tributário executável*, que goza de *presunção* de liquidez e certeza e que constitui a *certidão* de *dívida ativa* em prova pré-constituída como título executivo específico da relação jurídica obrigacional tributária, portanto, bem diferente do efeito do *protesto extrajudicial* que passa, assim, aqui, a ser inócuo. *TEM EFEITO DE MERA SANÇÃO POLÍTICA*, vedada na hipótese.[206]

Consequentemente, os títulos cambiais têm *origem* na *autonomia da vontade*, a certidão da dívida ativa é "*ex-lege*".

O efeito dessa *autonomia* é a *declaração de vontade* que torna líquida e certa a dívida cambial, porque, ensina ORLANDO GOMES,[207] "*a cambial é considerada um bem em si*" sendo como uma das três características da "*incorporação*" que é a consubstanciação do direito de crédito no documento que a representa, necessária à sua validade e para a sua circulação".

As outras duas características são: *literalidade*, consequência da "*incorporação*", significa que o crédito é o que se acha mencionado no título, tal como consta.

A *autonomia* quer dizer independência das obrigações, valendo cada qual, valha ou não a outra, nenhuma sendo acessória e não podendo o devedor opor exceções pessoais aos sucessivos credores. Título cambial é documento

---

205. - cf. Mendonça, José Xavier Carvalho de. *Tratado de direito comercial brasileiro:* das coisas do direito comercial. 6ª ed. Rio de Janeiro: Livraria Freitas Bastos S.A, 1960. v.5; parte 2. p. 387.

206. - cf. – votos divergentes dos mins. Edson Fachin, Marco Aurélio e Ricardo Lewandowski, na ADIN 5.135 DF.

207. - cf. *Obrigações*, 17º Ed. atualizada por Edvaldo Brito. Rio de Janeiro: Forense, 2007. p. 305.

representativo de dívidas líquidas e certas, por isso é título de crédito, passível de *protesto extrajudicial.*

Nada disto tem a ver com a *certidão de dívida ativa* que goza, apenas, de uma "*presunção júris tantum*" de liquidez e certeza, porque o parágrafo único do art. 204 do Código Tributário Nacional assim o estabelece.

Ora, se a *presunção* é, assim, *relativa* não pode a *certidão* ser objeto de *protesto extrajudicial*, cuja finalidade deste é alertar, especialmente, para a falta de "ACEITE" do *título que já goza da liquidez e certeza,* portanto, a *certidão de dívida ativa* é título estranho a essa liquidez e certeza porque isto, nela, é objeto de, apenas, *presunção relativa.*

Por todo o exposto, verifica-se que o *protesto extrajudicial* é incompatível com a *natureza* da *certidão de dívida ativa.*

4.3.2.2 A prescrição intercorrente tributária

Prescrição intercorrente tributária é o prazo que flui entre o marco inicial da desídia do titular da *pretensão* que, intimado a diligenciar, seja em processo administrativo ou seja em processo judicial, mantém-se inerte.

É necessária a constatação de um comportamento negligente do titular do direito subjetivo de crédito, em fase de afloramento da *pretensão* que, nele, encontrava-se *latente.*

Exige-se, assim, a intimação pessoal como marco da desídia.

São três, portanto, os requisitos:[208]

a) - existência em curso de um processo administrativo ou judicial;

---

208. - cf., por exemplo, REsp. 774.034 MT, rel. min. Raul Araújo.

b) - intimação pessoal do sujeito pretensor para que pratique um ato procedimental e

c) - a sua inércia em prazo contado a partir dessa intimação.

Afirme-se que a Constituição recepciona as regras do art. 174 do Código Tributário Nacional, mas também é de concluir-se que a lei maior repudia, na sua redação original, a norma do art. 40 da Lei nº 6.830 de 22 de setembro de 1980, que dispõe sobre a cobrança judicial da Dívida Ativa da Fazenda Pública.

Essa lei, por ser *ordinária*, não pode veicular *normas gerais* de direito tributário sobre *decadência* e *prescrição tributárias*, porque – repita-se – teria de ser, formalmente, lei *complementar*; além de que, nessa redação original, agasalhava a *suspensão* da contagem do prazo da *prescrição* por tempo indefinido, tornando o crédito tributário *imprescritível*, violando o princípio geral de que não podem existir *obrigações patrimoniais imprescritíveis,*[209] diante, sobretudo, da norma constitucional que chancela a *forma* de veiculação da disciplina jurídica sobre *prescrição tributária*.

A lei nº 6.830/80, então, está alterada pelas de nº 11.051, de 29 de dezembro de 2004 e nº11.960, de 29 de junho de 2009, mas, essa circunstância não afasta o vício da inadequação da fonte, porque essas leis, também, não são *complementares*, ainda que, pelo menos, corrijam a questão da *imprescritibilidade perpétua*!

O Supremo Tribunal Federal julgou, contudo, o *leading case*,[210] "em que se discute, à luz do art. 146, III, b, da Constituição Federal, a constitucionalidade ou não, do artigo 40, §4º, da Lei 6.830/1980, que regula a prescrição intercorrente no processo de execução fiscal, sob a alegação de que não se

---

209. - cf. RE106.217-7 SP, 1ª Turma, 08.08.1986, rel. min. Octavio Gallotti.

210. - cf. RE636.562 Santa Catarina, Plenário, 22.02.2023, rel. min. Roberto Barroso.

trata de matéria reservada à lei complementar" e firmou a *tese* seguinte: "*É constitucional o art. 40 da Lei nº 6.830/1980 (Lei de Execuções Fiscais LEF), tendo natureza processual o prazo de 1 (um) ano de suspensão da execução fiscal. Após o decurso desse prazo, inicia-se automaticamente a contagem do prazo prescricional tributário de 5 (cinco) anos*".

A conclusão do julgado, com a devida *vênia*, é a de que, em se tratando de *matéria processual*, estaria cumprida a disposição do inciso I do art. 22 da Constituição, afastada, deste modo, a necessidade de *lei complementar* para dispor sobre *prescrição intercorrente tributária*.

Essas leis dispõem, enfim, sobre a *prescrição intercorrente*, assim, entendida — repita-se — a modalidade de *prescrição* da *pretensão*, em razão da *inércia* — subsequente ou superveniente — do titular do direito subjetivo, durante um período no qual o sujeito passivo já se encontra submetido ao crivo da autoridade administrativa ou ao da judicial para que se obtenha, de modo coativo, a *prestação*.

A *prescrição intercorrente*, nestes termos passa a ser um *direito subjetivo* do sujeito passivo porque permite a extinção da *pretensão*.

É, também, possível a *prescrição intercorrente*, enquanto se procede ao *lançamento*, portanto, em *sede administrativa*.

Assim, se o sujeito passivo *impugnou* a exigibilidade de um crédito *devidamente* constituído e se ferem os prazos para a prática de atos, que não são de sua responsabilidade, esgotando-se o período dentro do qual deveria o *lançamento* tornar-se *definitivo*, *intercorre* em seu favor, a partir da *preclusão*, o *prazo prescricional*.

Ora, se o crédito está nessa situação não há mais que falar em *decadência*; se o sujeito passivo *impugna* a exigibilidade arrosta com os efeitos de inibir o sujeito ativo a agir, mas, passado o prazo para a apreciação dessa *impugnação*, pela autoridade administrativa, o *prazo prescricional* passa a correr e a *prescrição* poderá consumar-se no curso do processo administrativo,[211] no qual se discute o *lançamento*.

A *prescrição intercorrente*, por isso, não é categoria exclusiva de procedimento judicial.

É certo que a *prescrição intercorrente* é "direito novo, pelo menos para o Código de Processo Civil",[212] sendo festejado pela Doutrina processualista como "a prescrição que ocorre após o ajuizamento da execução e antes que o processo alcance o seu fim, que é a realização do crédito".[213]

Foi adotada pela lei de execução fiscal — Lei nº 6.830, de 22 de setembro de 1980 — e a Lei nº13.105, de 16 de março de 2015, que institui o Código de Processo Civil, trouxe-a para a execução comum, forçando a distinção feita pelo Supremo Tribunal Federal entre *prescrição ordinária tributária* e *prescrição intercorrente tributária*, concluindo que as normas reguladoras desta última têm natureza processual, por isso, não careceria de *lei complementar*.

A conclusão do julgado[214] é a de que o direito tributário positivo brasileiro conhece duas espécies de *prescrição tributária*: a *ordinária* regida pelo Código Tributário Nacional — *lei complementar* de *normas gerais* — e a *intercorrente*, pela lei ordinária de cobrança judicial da dívida ativa da Fazenda Pública.

---

211. - cf., no mesmo sentido, Ângelo Verospi, *Os direitos do contribuinte e a prescrição intercorrente*, São Paulo: Editora Resenha Tributária, 1978, p. 41.

212. - cf. Donizetti, Elpídio. *Curso de direito processual civil* 23ª ed. São Paulo: Atlas, 2020, p.1.084. Theodoro Júnior, Humberto. *Curso de direito processual civil*, vol.3, 52ª ed. Rio de Janeiro.: Forense, 2019, itens 52, 576, 577, 582 e 587.

213. - cf. Donizetti, Elpídio. Ob. cit. p.1.084.

214. - cf. o citado RE636.562 Santa Catarina, rel. min. Roberto Barroso.

A *matéria*, nestes termos, é *tributária*, sem dúvida e por reconhecimento do próprio julgado; logo, teria de ser veiculada por *lei complementar, "ex-vi"* da alínea *"b"* do item III, do art. 146 da Constituição.

É *tributária*, repita-se, por reconhecimento do próprio julgado, ao distinguir *prescrição ordinária tributária* e *prescrição intercorrente tributária.*

Mas, na sua conclusão, entendeu-se, *data vênia*, que há *desnecessidade* de *lei complementar* para dispor sobre *prescrição intercorrente tributária* porque seria *direito processual* e, assim, estaria agasalhada na competência do inciso I, do art. 22 da Constituição.

PAULO FURTADO[215] ensina: "o que não está nos autos não está no mundo" do julgado, por isso, o juiz não pode decidir *extra petita*, nem *ultra petita*, em *processos subjetivos*, como o é, por natureza, o *recurso extraordinário* que, no Brasil, está maculado com a *repercussão geral*, razão pela qual se indaga da constitucionalidade, por exemplo, do art.1.035 da lei processual nº 13.105/2015, o Código de Processo Civil, no qual se exige, para a interposição do *recurso extraordinário* que a questão constitucional, nele versada, tenha *repercussão geral*, isto é, seja questão relevante do ponto de vista econômico, político, social ou jurídico, na avaliação *subjetivíssima* do tribunal.

O reconhecimento da *repercussão geral* tem como consequência o sobrestamento de todos os processos pendentes, individuais ou coletivos que versem sobre a questão e tramitem em todo o território nacional.

Mas, negada a *repercussão geral*, será, também, negado o seguimento, de todos os *recursos extraordinários*, sobrestados na origem, que versem sobre matéria idêntica(?!).

---

215. - cf. *Execução* 2ª ed. atual. e adaptada à Constituição Federal de 1988. São Paulo: Saraiva, 1991, p. 303.

O que é matéria idêntica, se cada caso é um caso?!

A *repercussão geral* é uma categoria introduzida no texto constitucional, por emenda, a de nº 45 de 08 de dezembro de 2004, consistindo no dever de ser demonstrada, no recurso extraordinário, a *repercussão geral* das questões constitucionais discutidas no caso, a fim de propiciar o juízo de admissibilidade da medida pleiteada, salvo a manifestação contrária de dois terços dos membros da Corte, uma vez que esse é o *quorum* de recusa do recurso.

Transforma-se, desse jeito, um processo *subjetivo* em *objetivo*.

Processo subjetivo tem por objeto a discussão de um *caso* concreto, logo, cada *caso* é um *caso*; difere do *processo objetivo* cujo objeto é a discussão da validez de *norma jurídica in abstrato*.

Consequentemente, esse entrave é, no mínimo, inadequado, mesmo em matéria processual.

A tese de julgamento fixada pelo Supremo Tribunal Federal faz com que se insista que o *fenômeno jurídico* é a conduta humana na sua interferência intersubjetiva,[216] sendo a *norma jurídica de direito positivo* o *pensamento* dessa conduta.

A *norma* é um *conceito*, isto é, um *objeto lógico* — e não um *objeto real* — porque a *conduta*, sim, é este *objeto real* representado, intelectualmente, por esse *conceito*.[217]

Consequentemente, é significativo o *pensamento* dos tribunais sobre essa *conduta*, especialmente, quando se trata do *pensamento constitucional*, que cabe ao Supremo

---

216. - cf. Cossio, Carlos. *La teoría egológica del derecho y el concepto jurídico de libertad*. Segunda edicion. Buenos Aires: Abeledo-Perrrto, 1964, p.102 e segs.

217. - cf. Cossio, Carlos. *La valoración jurídica y la ciencia del derecho*. Buenos Aires. Ediciones ARAYÚ. 1954, p. 61.

Tribunal Federal, a quem incumbe a sua *guarda*,[218] o qual, em sessão virtual e em *repercussão geral*, fixou a *tese de julgamento*, já anunciada linhas atrás.

A *tese de julgamento* é a *tese jurídica* discutida durante a análise dos fundamentos relevantes do caso, de que resulta a *tese firmada*.

Inspira-se no *holding* ou na *ratio decidendi* de um caso, que são categorias do sistema de "*precedents*" do *common law*.

Tais categorias, nesse sistema, revelam uma dialética entre os casos passados e os casos futuros, porque, isto, é da peculiaridade do sistema.

O defeito maior da adoção da *tese de julgamento* é de *forma* e de *conteúdo*.

A *forma* é censurável porque é um regime jurídico nascido de lei infraconstitucional para disciplinar julgamento em nível de controle de constitucionalidade de atos subalternos, no que se repete o defeito da Lei nº 9.868, de 10 de novembro de 1999, que dispõe sobre o processo e julgamento da ação direta de inconstitucionalidade (ADIN) e da ação declaratória de constitucionalidade.

O *conteúdo* é inadmissível porque inibe o exercício do direito ao *juiz natural* em *processo subjetivo*, por natureza, em que cada caso é um caso e o cidadão é, inconstitucionalmente, igualado na sua natural e social desigualdade, considerando que a decisão que deferir a *repercussão* tem a eficácia de sobrestar o processamento de todos os processos pendentes, individuais ou coletivos, que versem sobre a questão e tramitem no território nacional e a decisão que

218. - cf., sobre o assunto: Kelsen, Hans. *Quem deve ser o guardião da constituição?* In. Jurisdição constitucional, 2ª ed. São Paulo: Martins Fontes, 2007, p.237 e segs. Schmitt, Carl. *O guardião da constituição.* Trad. Geraldo de Carvalho. Belo Horizonte: Del Rey, 2007, p.193 e segs.

indeferir implica negativa de seguimento dos *recursos extraordinários* sobrestados na origem que versem sobre matéria que se diz idêntica, qual seja, a questão relevante do ponto de vista econômico, político, social ou jurídico.

Essa *modulação* abrange casos que já tramitavam antes de firmada a *tese de julgamento*, expressando, assim, uma *retroatividade* inadmissível.

A *origem* e os *requisitos* da *repercussão geral* não a recomendam no *processo subjetivo* como o é o *recurso extraordinário*.

O plano histórico revela que a alínea "a" do item I do art. 102 da Constituição, *originariamente* e com singela redação, outorgava competência ao Supremo Tribunal Federal para processar e julgar *ação direta de inconstitucionalidade* de lei ou de ato normativo federal ou estadual. E só.

O dispositivo completava-se com *um* parágrafo — obviamente, único — dando competência, também, para apreciar a "*arguição de descumprimento de preceito fundamental*- ADPF".

A alteração[219] desse dispositivo mexeu com dois princípios que vinculam *direitos fundamentais*, o da *separação dos poderes* e o dos *direitos individuais*, no caso, ao *juiz natural*.

A Constituição de 1988, ao formular a *regra de competência* reformadora no § 4º do seu art. 60, não outorgou atribuições de modificar o regime jurídico da *separação dos Poderes*, nem o dos *direitos e garantias fundamentais do indivíduo*, tal como o fizeram as Emendas nºs. 3, de 18.03.1993 e 45 de 08.12.2004.

A Constituição formulou o modelo de uma *jurisdição constitucional*, como sendo a de um *juiz natural* na perspectiva de um Estado Democrático de Direito, promotor do *desenvolvimento econômico* e do *bem-estar social*,[220] uma

---

219. - cf. Emenda Constitucional nº3, de 18 de março de 1993.

220. - cf. Brito, Edvaldo. *Reflexos jurídicos da atuação do estado no domínio econômi-*

vez que deu atribuições a um Supremo Tribunal Federal — como, em parte, corte constitucional — sem *peias* no processamento e no julgamento das ações dos titulares do chamado *direito subjetivo público de ação.*

Essas *peias* são: a eficácia "erga omnes", o efeito vinculante, a súmula vinculante e a *repercussão geral.*

Elas vieram pela via de *Emenda* modificadora da *competência* do Poder Judiciário, atentando, assim, contra o *núcleo irreformável* atingindo o *direito subjetivo público* ao *juiz natural.*

A *repercussão geral* é uma categoria introduzida no texto constitucional, também, por Emenda, a de nº 45 de 08.12.2004, consistindo no dever de quem interpõe o *recurso extraordinário* demonstrá-la nas questões constitucionais discutidas no caso, a fim de propiciar o *juízo de admissibilidade* da medida pleiteada, manifestado por dois terços dos membros da Corte, uma vez que esse é o *quorum* de recusa do recurso.

A Lei nº 11.418 de 19 de dezembro de 2006 regeu a matéria, em nível infraconstitucional, tal como o requer a Lei Maior e circunscreveu a *repercussão* à relevância econômica, política, social ou jurídica que ultrapassasse os *interesses subjetivos* da causa. Outrossim, haveria *repercussão geral* sempre que o *recurso extraordinário* impugnasse decisão contrária a súmula ou jurisprudência dominante do Tribunal.

A matéria, presentemente, é regida pelo Código de Processo Civil (Lei nº13.105, de 16 de março de 2015).[221]

O recorrente já não necessita, como antes, demonstrar, em preliminar do recurso, para apreciação exclusiva do Supremo Tribunal Federal, a existência da *repercussão geral*, porque o Código não repete dispositivo expresso da citada Lei nº 11.418/2006, nesse sentido.

---

co. 3ª ed. revista, atualizada e ampliada. São Paulo: SaraivaJur, 2022, p.29 e segs.

221. -cf. arts. 1.029 e segs.

A Emenda de que resulta a *repercussão*, aparentemente, não ofende a Constituição, contudo, a realidade é outra: o *recurso extraordinário* é *processo subjetivo*, por natureza, nele se identificam autor e réu, demandando objeto específico interpessoal.

Difere dos *processos objetivos*, nos quais, tipicamente, o objeto é o *controle constitucional abstrato de normas*, por isso, neles, não se conhecem *partes*, podendo ser instaurados, independentemente da demonstração de um *interesse jurídico específico*, considerando que os requerentes atuam no *interesse* da preservação da segurança jurídica e não na defesa de um *interesse próprio.*[222]

Discute-se, aqui, a *legitimidade* da norma que criou a *repercussão geral* e nada mais do que a utilização do método lógico-linguístico para interpretar um elemento — a norma — desse *objeto cultural* que é o fenômeno jurídico.

É o *método da compreensão*. O humano *compreende*-se; a Natureza *explica*-se. O prefixo *ex* do primeiro signo denota estranheza e exterioridade; o prefixo *com*, do segundo signo denota comunhão e convivência íntima.

O *método da compreensão* implica conhecer *sentidos*, dado que somente o humano faz sentido para o homem. Uma instituição, um valor social ou qualquer outro produto cultural — *cultura* é a atividade humana constitutiva daquilo que o homem acrescenta à Natureza — são veículos da concatenação de significados; são uma conexão de sentidos.

A *compreensão* pratica-se mediante o método empírico indutivo, processando-se por uma dialética consistente no diálogo que faz o espírito, a fim de *compreender*, através de

---

222. - cf. Mendes, Gilmar Ferreira. *Ação declaratória de constitucionalidade: a inovação da emenda constitucional nº3, de 1993*. In. Ação declaratória de constitucionalidade. Ives Gandra da Silva Martins, Gilmar Ferreira Mendes coordenadores. São Paulo: Saraiva, 1994, p. 53.

uma peregrinação entre o *substrato* real de fato e o *sentido* que se busca e que se encontra preso a esse *substrato*.

Mas, mesmo essa metodologia consubstancia um comprometimento ideológico que pode resultar em subjetivismo ou parcialismo que se constitui em obstáculo à objetividade científica.

Daí pensadores como DURKHEIM,[223] como DESCARTES[224] recomendarem o controle dos riscos do comprometimento ideológico — "*bias*" ou viés ou subjetivismo — de modo a que o investigador apague do seu espírito as pré-noções que a convivência social incute-lhe e trate os fatos sociais, em que se envolve, como *coisas* das quais nada sabe, senão após a investigação, abandonando, assim, o falso conhecimento fruto dessas pré-noções que são próprias desses *objetos culturais* em que o homem é, ao mesmo tempo, *sujeito* e *objeto* dessa investigação.

Enfim, recomenda-se metodologia que incorpora os princípios da *Semiótica* e da *Lógica*, como forma de disciplinar o pensamento contido no discurso jurídico.

Normas gerais, lei complementar e *processos objetivos* são categorias jurídicas cujos signos, que compõem a afirmação, são convencionados de tal modo que o emissor da mensagem se comunique, sem *patologia*, com o receptor a quem se destina.

A *Semiótica Jurídica* é ciência ancilar da *Ciência Jurídica*, porque sendo o fenômeno jurídico um *objeto cultural*, manifestando-se pela linguagem, em todos os seus aspectos, necessário é identificar as *funções semióticas* que as expressões de toda linguagem possuem.

---

223. - cf. Durkheim, Emile. *As regras do método sociológico*, trad. de Maria Isaura Pereira de Queiroz. São Paulo: Ed. Nacional, 1960.

224. - cf. Descartes, René. *Discurso sobre o método*. Trad. Márcio Pugliesi e Norberto de Paula Lima. São Paulo: Hemus, 1978.

São essas *funções*: a *semântica* (relação do signo com o objeto que designa) a *sintática* (relação dos signos entre si) e a *pragmática* (relação do signo com o sujeito que, habitualmente, utiliza-o).

A *função pragmática* (comportamental) é uma propriedade útil ao Direito, *objeto do conhecimento* que se manifesta através das relações que existem entre as *expressões* desse *objeto* e quem as enuncia.[225]

As expressões do *objeto* fenômeno jurídico são enunciadas, no sistema *civil law*, portanto, tipo *continental europeu*, pelo legislador, em primeiro plano.

Mas, o legislador não tem o seu monopólio, até porque sua obra, por ser humana, é *lacunosa*, prenhe de *ambiguidade*, porque é produzida em um *tempo* para valer em outros *tempos*, carecendo, assim, de adaptações que cumprem à Doutrina e à Jurisprudência.

Essas razões presidem essa incursão pelo tratamento que essas duas fontes, no Brasil, têm destinado às categorias mencionadas: *normas gerais, lei complementar* e *processos objetivos*.

Conclua-se com arrimo nesses fundamentos lógico-linguísticos que toda a matéria sobre *prescrição* e *decadência* tem de arrostar com a forma de *norma geral* veiculada por *lei complementar*; a *repercussão geral*, somente, cabe em *processo objetivo*, sendo inconstitucional a regra do art. 1.035 do Código de Processo Civil.

Enfim, a *repercussão geral* introduzida por Emenda à Constituição enseja a análise de problemas jurídicos daí resultantes, face aos *limites* impostos à reforma do texto constitucional.

---

225. - cf. Kalinowski, George. *Introducción a la logica jurídica*: elementos de semiótica juridica, lógica de las normas y lógica jurídica. Buenos Aires: EUDEBA, 1973. p. 51.

Há distinção entre o *poder constituinte* e a *competência* reformadora do texto por ele produzido.[226]

Assim, a autenticidade do *poder constituinte* está na *legitimidade* que possui para elaborar a Constituição *jurídica* e que tem fonte nas *atribuições* que lhe são inerentes e no *procedimento* a adotar para cumprir essas atribuições.

Não se confundem, por isso, a natureza desse *poder* com a do, impropriamente, chamado *poder constituinte derivado*.

Aquele é uma *potência*, este é mera *competência*.

O processo constituinte de *reforma* do texto (*revisão* e *emenda*) tem procedimento diverso daquele mediante o qual se elabora a Constituição *jurídica*.

Rigorosamente, por ser *potência*, o *poder constituinte* é fundacional ou originário, porque inaugura uma ordem constitucional ou instaura uma outra ordem completamente nova ao acionar a sua *eficácia atual*.

Não há, nesses termos, *poder constituinte constituído* ou *derivado*, nesse processo de *reforma* do texto, mas, sim, órgãos com *competência* para promover modificações na Constituição *jurídica*, observados os *limites* dessa atribuição, quais sejam:

1. materiais
    1.1. explícitos
    1.2. implícitos
2. circunstanciais
3. temporais

---

226. - cf. Brito, Edvaldo. *Limites da revisão constitucional*. Porto Alegre, Sergio Antonio Fabris Editor, 1993 p. 71.

Poder constituinte é um poder jurídico, com prerrogativa originária, constituindo-se em uma categoria cujos elementos são soberania, pluralismo, sociedade civil, entendido como uma *eficácia atual*, isto é, como produto da atuação das forças reais de poder expressas pelos núcleos de decisão formados pelos grupos sociais que, integrantes da sociedade civil, participam da formação da vontade coletiva e, efetivamente, institucionalizam-na criando uma ordem jurídica nova.

Esse *poder*, no plano lógico, é uma "força histórica efetiva, apta a realizar os fins a que se propõe [...], a plena consumação do fato, a plena consumação do seu objeto que é a criação de uma ordem nova".[227]

A sua titularidade é a fonte capaz de produzir uma decisão eficaz sobre a natureza da ordem nova, expressando o permanente estado de natureza dessas forças com atividade diferida porque elas estão, *sempre*, aptas a serem exercidas, *sempre*, que motivadas.

Entender assim, importa em fazer um corte abstrato, num procedimento metodológico sobre a realidade social, sem vínculos histórico-culturais, sem ideologias que se contraponham, sem consciência de valores novos; enfim, com reflexões *institucionais*.

É desta forma a lição de LOURIVAL VILANOVA quando, para circunstância similar, à da *revolução*, traça o procedimento metodológico.[228]

Potência é um tipo específico de poder, de *potestade*, ou seja, em termos de CAMÕES,[229] é uma prerrogativa

---

227. -cf. Sanchez Agesta. *Princípios de teoria política*. 7ª ed. 3ª reimpressão. Madrid. Editoriales de Derecho Reunidas, 1990, p. 331.

228. - cf. *Teoria jurídica da revolução*. In. As tendências atuais do direito público. Rio de Janeiro. Forense, 197, p. 454.

229. - cf. Camões, Luís de. *Os Lusíadas*, 12ª ed. São Paulo. Edições Melhoramentos, p.94, 95, 178, 286, 337.

de gabarito divino, de arbítrio sem condicionantes, salvo aquelas que consistem nos objetivos permanentes da sociedade civil que o legitima, dentre os quais os direitos e as garantias fundamentais do homem, preservados pelo direito internacional.

Logo, a fonte normativa, assim caracterizada, representa uma autoridade suprema cujas atribuições não derivam de nenhuma outra autoridade formalmente constituída.

Competência, ao contrário, é quando derivam.

O legislador que *reforma* o texto da Constituição *jurídica*, quando o *emenda* ou quando o *revisa*, tem a sua atribuição derivada da Constituição *jurídica* cujo *poder* que a elabora é a autoridade que pratica o *ato de criação* chamado de *regra de competência*, a qual prescreve as *condições* para que esse ato seja válido e, por isso tenha força normativa.

São três essas *condições*, conforme o magistério de ALF ROSS:[230]

> 1ª – as que indicam a pessoa ou as pessoas qualificadas para realizar o ato de criação;
>
> 2ª – aquelas que outorgam as atribuições dando os limites da matéria objeto da regra que há de ser criada por essas pessoas;
>
> 3ª – aquelas que descrevem o procedimento de criação.

A Constituição de 1988, ao formular a *regra de competência* reformadora no § 4º do seu art. 60, não outorgou atribuições de modificar o regime jurídico da *separação dos Poderes*, nem o dos *direitos e garantias fundamentais do indivíduo*, tal como o fizeram as Emendas nºs. 3, de 17.03.1993 e 45 de 08.12.2004.

---

230. - cf. *Sobre el derecho y la justicia*. Trad. de Genaro R. Carrió. Buenos Aires, EUDEBA Editorial Universitária de Buenos Aires, 1963, p.78 e segs. *El concepto de validez y outros ensayos*. Buenos Aires. Centro Editorial de América Latina S.A., 1969, p. 49 segs.

A Constituição — foi dito linhas atrás — formulou o modelo de uma *jurisdição constitucional*, como sendo a de um *juiz natural* na perspectiva de um Estado Democrático de Direito promotor do desenvolvimento econômico e do *bem-estar social*, uma vez que deu atribuições a um Supremo Tribunal Federal, também, como as de corte constitucional sem *peias* no processamento e no julgamento das ações dos titulares do chamado *direito subjetivo público de ação*.

Essas *peias*, também, já foi dito, são: a eficácia "erga omnes", o efeito vinculante, a súmula vinculante e a *repercussão geral*. Elas vieram pela via de *emenda* modificadora da *competência* do Supremo Tribunal Federal, enquanto *guarda da Constituição*, atentando, assim, contra o *núcleo irreformável* atingindo o direito subjetivo público ao *juiz natural*.

A *repercussão geral* relativiza a natureza do *processo subjetivo* em que, por natureza, cada caso é um caso e, assim, o cidadão é, inconstitucionalmente, igualado na sua natural e social desigualdade, considerando que a decisão que defere a *repercussão* tem a eficácia de sobrestar o processamento de todos os processos pendentes, individuais ou coletivos, que versem sobre a questão e tramitem no território nacional e a decisão que indeferir implica negativa de seguimento dos recursos extraordinários sobrestados na origem que versem sobre matéria que se diz idêntica, qual seja, a questão relevante do ponto de vista econômico, político, social ou jurídico.

É uma redução distorcida do *precedente* do sistema *common law*.

As decisões do Supremo Tribunal Federal, sempre, mencionaram o deslinde de casos similares, como sendo *precedentes*, assim considerados fatos anteriores que serviriam de comparação, por mera *persuasão*, para circunstâncias, posteriormente, sob exame.

O advento do Código de Processo Civil[231] passou esta referência a ser um procedimento legal posto, apenas, para preservar a *uniformização* e a *segurança jurídica* dos julgados dos tribunais.

Estas considerações impõem uma *comparação* sobre a categoria jurídica do *precedente.*

O *estudo comparativo de direitos* consiste em pesquisar e relacionar semelhanças e diferenças entre *ordens jurídicas*, ou seja, um estudo da pluralidade de ordenamentos jurídicos atuais, com o objetivo de conhecer cada ordenamento, detalhadamente, confrontando entre eles, através da análise das diferenças e das analogias da estrutura e da disciplina reconhecíveis e, desse modo, conhecer a contribuição que o *direito comparado* dá ao estudo do direito nacional considerado na totalidade dos seus diferentes setores, fazendo-se a unificação dos sistemas.

A metodologia utilizada é a da *interpretação sistemática*, pelo que se elege um *sistema de normas* para a investigação comparatista, mediante uma abordagem: ou de *macrocomparação*: sistemas, agrupamentos, famílias; ou de *microcomparação*: institutos jurídicos afins em ordens jurídicas diferentes; ou de *mesocomparação*: entre ramos do Direito.

A *comparação de direitos*, neste caso, sob exame, somente poderá ocorrer para identificar as diferenças, mais do que as semelhanças, entre as ordens jurídicas da família da *common law* com a nossa, filiada ao *civil law.*

O sistema no qual nasceu o *Precedente* é o do *common law*, de família diversa da do brasileiro que é romano-germânico, portanto, o do *civil law*, desde a sua colonização por Portugal.

---

231. - cf. Lei nº 13.105, de 16 de março de 2015.

O *common law* é baseado nesses "*precedentes*" judiciais que integram a teoria do "*stare decisis et non quieta movere*".

É outra cultura jurisprudencial, por isso, vale esse *stare decisis*, ou seja, *mantenha-se a decisão e não se moleste o que já foi decidido*.

É por isso que a *Suprema Corte* norte-americana pratica, permanentemente, atos integrativos da Constituição *jurídica*, em processo *não formal* de mudança desta, adaptando-a sempre às manifestações das *forças reais de poder*[232] e, assim, contornando a rigidez do processo *formal* estabelecido no seu artigo V.

Por essa forma, evitam-se as emendas ao texto escrito, as quais são fontes de desgaste da *atividade reformadora*, mas, é uma forma pouco eficaz nos *sistemas* jurídicos conhecidos como *continental europeu*, o *civil law*, de que o brasileiro é exemplo, nos quais há a cultura do culto à linguagem verbalizada formal, pois tudo se espera "do prestígio da energia lógica e comunicativa dos conceitos divulgados pela linguagem escrita. Não é por acaso que a revolução francesa se inicia sob a forma de 'revolução pela lei', depois da política ter caído na esfera de influência do livro e das doutrinas refinadas dos filósofos".[233]

Ao contrário, é eficaz nos *sistemas* jurídicos do *casuismo fundamental* (anglo-norte-americano), o *common law*, porque nele o direito "é um direito dos juízes" e, como acentua ROSCOE POUND,[234] os seus oráculos são os juízes, enquanto que o direito continental é um direito das

---

232. - cf. Lassalle, Ferdinand. *A essência da constituição*; prefácio de Aurélio Wander Bastos. 2ª ed. Rio de Janeiro: Liber Juris, 198, p. 19.

233. - cf. José Brandão, Antonio. *Sobre o conceito de constituição política*. Lisboa. Estado & Direito. 1990. p. 15.

234. - cf. *The development of american law and its deviation from english law*, cit. por cit . por José Oliveira Ascensão. As fontes do direito no sistema jurídico anglo-americano, Lisboa, Centro de Estudos Fiscais, 1974, ps. 65 e 66.

universidades. Os seus oráculos são professores. Foi ensinado e desenvolvido nas universidades desde a Idade Média. Em consequência, o *direito comum* (*common law*) é pouco sistematizado. Os *princípios* são cautelosa e tentativamente derivados dos pormenores. Pelo contrário, o direito continental é altamente sistematizado. Os pormenores estão subordinados a amplos princípios. Os livros jurídicos do *common law* anglo-norte-americano são tipicamente resumos alfabéticos, condensações e enciclopédias. Os livros jurídicos do *sistema continental* são tratados sistemáticos.

Não obstante, no *sistema continental*, podem ser registrados atos jurisdicionais, operando efeito de mudança *não formal*, mediante adaptação, nas decisões do *Bundesverfassungsgericht*, o Tribunal Constitucional Federal, na Alemanha, que, além de ter poderes amplos face ao legislador ordinário, tem-no para exercer o controle da validade das próprias normas constitucionais veiculadas pelos órgãos *competentes* para a *reforma do texto,*[235] apesar da idolatria da lei, do império do positivismo rígido, considerando-se que se reconhece que o juiz tem sempre uma parte importante na criação do Direito.[236]

Essa parte importante é, culturalmente, diferente nas diversas famílias de direito, daí a necessidade de conhecer cada ordenamento, detalhadamente, confrontando entre eles, através da análise dessas diferenças e das analogias da estrutura e da disciplina reconhecíveis e daí tirando a contribuição que, a comparação desses Direitos, dá ao

---

235. - cf. Sampaio, Nelson de Sousa, *O poder de reforma constitucional*. 2ª ed. atualizada. Bahia. Edição da Imprensa Oficial. 1961. p.109, Bachof, Otto. *Normas constitucionais inconstitucionais?* Trad. José Manuel M. Cardoso da Costa. Coimbra. Atlântida Editora. 1977. p. 3; Béguin, Jean-Claude. *Le controle de la constitucionalité des lois en République Fedérale d'Allmenagne*, Paris, Economica 1982; Mendes, Gllmar Ferreira, *Controle de constitucionalidade: aspectos jurídicos e políticos*. São Paulo, Saraiva, 1990, p. 163.

236. - cf. Bachof, Otto. *Jueces y constitución*, trad. Rodrigo Bercovitz Rodriguez-Cano Madrid. Editorial Civitas, S.A. 1987, p. 24.

estudo do direito nacional, considerado na totalidade dos seus diferentes setores.[237]

Tudo isto vem a pelo, porque se tem festejado o prestígio que o texto de 2015 do Código de Processo Civil (Lei nº 13.105, de 16 de março de 2015) teria dado às decisões judiciais, ao estabelecer que os tribunais devem *uniformizar* sua jurisprudência e mantê-la estável, íntegra e *coerente* (art. 926) e que eles e os juízes terão de observar as decisões do Supremo Tribunal Federal em controle *concentrado* de constitucionalidade — preferível que tivesse dito, corretamente, *controle abstrato* — enveredando pela senda dos enunciados de súmulas vinculantes e por aí a fora (art. 927), como se houvesse tranquilidade cultural para essa prática, desdobrada nas normas que disciplinam o *Incidente de Arguição de Inconstitucionalidade* (arts. 948 e segs.).

É necessário interpretar esse emaranhado na perspectiva cultural brasileira de jurisprudência a fim de atender, corretamente, ao inédito enunciado normativo do *dever de coerência e dever de integridade* que é situação jurídica descrita nesse art. 926 para o *ordenamento jurídico* processual que consiste em atribuir-se aos órgãos julgadores — por isso, inclui qualquer magistrado — a *coerência* com o que vem fazendo no julgamento de uma determinada matéria, a fim de mantê-lo (a ele julgamento) estável, **íntegro** e *coerente.* Tais deveres são de qualquer unidade julgadora, por isso, não importa que o julgado seja do mesmo magistrado, mas, sim, da mesma unidade julgadora.

Daí, partir-se para falar de *"precedents"*, na linha cultural do *common law*, há boa distância.

Somente nos processos de *natureza objetiva*, que são próprios do *controle abstrato de normas*, nos quais não há *partes*, é possível aplicar a *repercussão geral*. E olhe lá!?

---

237. - cf. Pizzorusso. Alessandro. *Curso de derecho comparado*. Barcelona. Editorial Ariel, S.A. 1987, p. 80 e 84.

E, nessa onda, vai a Doutrina, manietada pela Jurisprudência, quando, ao contrário, a sua função é a de educá-la e não a de ser educada por ela.

Enfim, essa invocação de *precedente*, tal como tendo sido feita, estaria correta, à luz das disposições constitucionais e da lei adjetiva, aqui, mencionadas?

Ou seria uma mera *uniformização* para efetivar a *segurança jurídica* buscada pela exigência do *dever de coerência e dever de integridade* que é situação jurídica descrita no falado art. 926 do CPC/2015, para o *ordenamento jurídico* processual que consiste em atribuir-se aos órgãos julgadores — por isso, inclui qualquer magistrado — a *coerência* com o que vem fazendo no julgamento de uma determinada matéria, a fim de mantê-lo (a ele julgamento) estável, **íntegro** e *coerente*?

Responda-se lembrando, a seguir, como se estrutura o Judiciário nos Estados Unidos da América, a fim de se verificar a inaceitável confusão entre o sistema de "*precedents*" norte-americano e os julgamentos de "objetos similares", no direito brasileiro:

1. Estrutura do Poder Judiciário nos EUA

   1.1 Esfera Federal

      1.1.1 Cortes Distritais

      1.1.2 Cortes de Apelação (ou de Circuito)

      1.1.3 Suprema Corte dos Estados Unidos

   1.2 Esfera Estadual

2. *Precedents* Judiciais nos EUA

   2.1 Classificação dos *precedents* quanto ao seu grau hierárquico

      2.1.1 *Stare decisis* vertical

      2.1.2 *Stare decisis* horizontal

2.2 Classificação dos *precedentes* quanto à sua vinculação

2.2.1 *Precedentes* obrigatórios (*Binding precedents*)

2.2.2 *Precedentes* persuasivos (*Persuasive precedents*)

2.3 Superação (*overruling*) de *precedentes*

3. *Precedents* e *Acts*

3.1 Aplicação e relação dos *precedents* com os *Acts*

Soma-se, a tudo isto, afinal, a condenável *repercussão geral* em processos *subjetivos* os quais formam a maioria das questões *tributárias*.

A *matéria tributária*, por suas *características*, tem um típico *mecanismo de incidência da norma tributária*.

A tributação, procedimentalmente, observa um *mecanismo*, a que se pode chamar de *técnica da tipicidade* e que consiste na dissecação dos elementos constitutivos da *hipótese do fato gerador de um tributo*, toda vez que ocorre um acontecimento ao qual se quer atribuir o efeito de *fato gerador* da obrigação tributária, a fim de verificar se esse acontecimento realiza aquela *hipótese*.

Fez-se, linhas atrás, a descrição desse *mecanismo*, quando se estudou o *crédito tributário existente*.

A exigência do tributo, no contexto dessa linguagem jurídica, pressupõe uma norma emitida por uma *fonte*, especificamente legitimada, componente do monopólio oficial da coerção. Essa *fonte* é legitimada pela norma de outorga de competência esculpida na Constituição e desdobrada pelas normas gerais constantes do Código Tributário Nacional e pelas normas orgânicas de cada tributo veiculadas na lei que o institui editada pelos respectivos titulares (União, Estados, Distrito Federal ou Municípios).

Existente o *crédito tributário*, há de ser tornado *exigível*, com o procedimento de *lançamento*, também, já descrito em linhas anteriores.

Logo, a *exigibilidade* de um tributo é um *mecanismo* complexo que não se compatibiliza com a *repercussão geral*.

Ocorrido um acontecimento, impõe-se a *técnica da tipicidade*, pela qual se procura *identificar*, nesse acontecimento, os elementos contidos na *figura* do *fato* (o *tipo*) desenhada na sua *hipótese*, consistente em um mecanismo com o qual se identificam: o *elemento pessoal* que designa os sujeitos da relação jurídica tributária (ativo e passivo); o *elemento espacial* que delimita a área geográfica (real ou virtual) na qual o acontecimento se desenrolará; o *elemento material* que descreve o objeto da relação jurídica tributária (atributo de uma pessoa ou qualquer outro bem, contanto que não seja categorizado como elemento fora do tráfico jurídico); o *elemento temporal* que fixa o momento em que se completa o acontecimento e, assim, passível da incidência da norma por inteiro.

Em conclusão: o exposto sobre *repercussão geral* se coaduna com o descrito *procedimento* de *recurso extraordinário* e sim em matéria de *controle abstrato de normas* sob desempenho de *processo objetivo*.

4.3.2.3 A lei complementar de normas gerais tributárias e a prescrição intercorrente tributária

A Constituição determina caber à *lei complementar* estabelecer *normas gerais em matéria tributária*, especialmente, sobre *prescrição* e *decadência tributárias* (art. 146, III, "b").

Normas gerais de direito tributário, então, são normas jurídicas, por isso, comportam duas análises, no *plano estrutural* e no *plano funcional*.

A *norma geral em matéria de legislação tributária* é igual, no *plano estrutural*, a qualquer outra norma jurídica: *binária*, porque tem *endonorma* e *perinorma*.

E por que esse destaque que lhe dá a Constituição?

É que, no *plano funcional*, a *norma geral* de direito tributário tem posição relevante no sistema jurídico brasileiro, porque ela somente pode ser veiculada por *lei complementar*, ou seja, lei *integrativa* da Constituição, por isso, é submetida, à sua aprovação, a um *quorum* específico, a um procedimento diverso, no processo legislativo.

Assim, o seu art. 69 preserva a *rigidez* constitucional, exigindo maioria absoluta para o seu processamento, em qualquer Casa Legislativa competente, porque, diferentemente do que dispunha a Constituição anterior — "*maioria absoluta de cada uma das duas casas do Congresso Nacional*" — a redação atual demonstra que a *lei complementar*, hoje, pode ser editada por Casas Legislativas dos Estados ou dos Municípios ou do Distrito Federal, especialmente, nas circunstâncias dispostas no inciso I e no §1º ambos do seu art. 24, que tratam sobre *competência concorrente* da União, dos Estados e do Distrito Federal para legislarem sobre direito tributário, reservando, para a União, a de *normas gerais*, mas, não exclui a *competência suplementar* dos Estados que, neste diapasão, terão de respeitar o procedimento da *lei complementar*.

Esse dispositivo não menciona o Município, mas, interpreta-se a Constituição de modo *sistemático*, por isso, há de contemplar-se o art. 30 que atribui aos Municípios *competência* para legislarem sobre assuntos de *interesse local*, podendo, para isso, *suplementarem*, no que couber, a legislação estadual e a legislação federal.

Ora, como o Município emite *norma* de Direito Tributário, ele também terá que colmatar as lacunas deixadas pelo legislador desses outros entes federados e se estas ocorrerem em matéria de *norma geral*, ele terá de processá-la pelo critério da *lei complementar*.

Afinal, o que são *normas gerais*?

São aquelas que, no *plano funcional*, estabelecem um *gênero* do qual decorrem *espécies*, portadoras de caracteres comuns estabelecidos pela convenção.

Elas estão no Código Tributário Nacional e têm como objetivo a uniformização para evitar que cada ente federado disponha, a seu modo, sobre matéria tributária comum. Elas não descem a especificações.

Então, o que se aceita como válido sobre o conceito de *normas gerais*?

Que elas estabeleçam um *gênero* e não passem desse *gênero*, porque se elas começarem a descer às especificações, poderão atingir *competência* específica dos Estados, dos Municípios e da própria União.

Há uma integração entre a *norma geral* e a *teoria geral* do Direito Tributário e, aqui, o que interessa mais de perto são, exatamente, essas questões relativas à *obrigação tributária* que geram o *núcleo* de todo o mecanismo da *norma* de tributação, o qual *núcleo* é o *crédito tributário* e, portanto, toda essa parte referente aos seus conceito, fonte e estrutura, abrangendo a *teoria geral* do *crédito tributário*, abrangendo os já falados *existente*, *exigível* e *exequível*, passando pela *teoria geral* do *lançamento*.

Portanto, as *normas gerais de direito tributário* integram-se com a *teoria geral* do Direito Tributário, exatamente, nesse ponto em que o Código Tributário Nacional cuida da *obrigação tributária*.

É, por isso, que essa *teoria geral*, também, está abrangida pelas disposições constitucionais que estabelecem os *princípios*.

Qual é a importância do Código Tributário Nacional?

Por que se fala tanto neste Código?

Porque ele é o veículo dessas *normas gerais*; nele está, em toda a sua estrutura, a normatização legislativa da *teoria geral* do direito tributário.

O *histórico* do Código Tributário Nacional provoca reflexões, desde aquelas que envolvem a natureza de um documento normativo chamado *Código*, porque, assim se entende, quando esse documento é uma obra de *criação* de um jurista ou de um grupo de juristas. Contudo, sempre foi um monumento da cultura tributária no Brasil, por muitos anos resistiu a emendas porque é uma obra *criada* dentro de uma história muito interessante de elaboração da *intelligentsia* tributária nacional.

O Brasil, sempre, teve Código Tributário?

Não.

O Brasil já teve de tudo, nessa área, até *consolidação de normas tributárias*.

E a distinção entre um *código* e uma *consolidação* é que, enquanto o *código* é uma obra de *criação*, uma obra científica; uma *consolidação* é uma *reunião* sistematizada de leis ou de normas de nível legal que se encontravam esparsas num sistema jurídico qualquer. Exemplo: a C L T - consolidação das leis do trabalho.

Diante do exposto, por que Código Tributário? Obra de quem? E como surgiu?

Nasceu de um anteprojeto elaborado por encomenda do governo federal, ao professor RUBENS GOMES DE SOUSA, discutido por uma Comissão Revisora.[238]

---

238. - Membros designados pelo, então, ministro da Fazenda, Osvaldo Aranha: Afonso Almino, P. Teixeira Soares, Gerson Silva e Romeu Gilson.

Após essa revisão, o trabalho, em 1953, foi encaminhado ao Congresso Nacional, teve como relator o então, deputado federal pela Bahia, ALIOMAR BALEEIRO, cujo parecer, datado de 14 de dezembro de 1958, foi aprovado.

Permaneceu, sem votação do Plenário, até que foi retirado, pelo governo, com o objetivo de reexame, tendo sido submetido à revisão de nova Comissão[239] e, afinal, de volta ao Congresso, teve como relator, novamente, o deputado ALIOMAR BALEEIRO e aprovado como mera lei — e não como *código* — lei nº 5.172, publicada no Diário Oficial da União de 27/10/1966, retificada em 31/10/1966 e, por força do art. 7º, do Ato Complementar nº 36, de 13/03/1967, essa Lei nº 5.172 de 25/10/1966, incluídas as alterações posteriores, passou a denominar-se *Código Tributário Nacional.*

Completa-se a *teoria geral* com a Emenda nº18 à Constituição de 1946.

O *Código* tem a natureza de *lei complementar* de *normas gerais* em matéria tributária, sobretudo porque assim foi recepcionado pela Constituição emendada.

Qual é a importância disto?

Ele, somente, pode ser alterado pelo *quorum* da *lei complementar*, o do art. 69 da Constituição que não admite voto de liderança, sob pena de nulidade do processo.

São, enfim, essas as características do *Código*.

Quanto à *estrutura*, o *Código* tem duas partes, dois livros, nos quais se contém a falada *teoria geral*, assim entendida como conjunto de critérios, um conjunto de regras, um conjunto de princípios, conjunto comum a todo um campo do conhecimento, a todo um *sistema jurídico*, o qual, contudo, não se basta, razão pela qual o *Código*, autorizado pelo

239. - Membros designados pelo, então, ministro da Fazenda, Octávio Gouveia de Bulhões: presidente Luís Simões Lopes; o relatório foi redigido pelo próprio Rubens Gomes de Sousa, Gilberto de Ulhoa Canto e Gérson Augusto da Silva.

seu fundamento de validez, que é a Constituição, estabelece as regras de sua *integração*, completando esse *sistema* do qual se pode dizer, faz parte a *teoria geral das obrigações* disciplinada pelo Livro I da Parte Especial do Código Civil, na redação de 2002.

Há um "*conceito lei complementar tributária*", preservado pelas novas regras do Sistema Tributário Nacional, seja pela *forma*, seja pelo *conteúdo*.

É espécie normativa que a Constituição designa a União como fonte que as emite com *quórum* típico, dotadas de hierarquia superior, apenas porque veiculam matéria, constitucionalmente elencada e estabelecida como único meio de fazê-lo.

É de refletir-se sobre a *eficácia da lei complementar* porque essa categoria de ato normativo, como elemento constitutivo do *conceito* "*legislação tributária*", por ser integrativo da Constituição, é, em princípio, de emissão da União; mas, a Constituição, hoje, defere competência aos Estados para legislarem, concorrentemente, sobre Direito Tributário e defere aos Municípios competência para legislarem sobre assuntos de interesse local, dentre os quais está *instituir* tributo de sua competência; então, há de entender-se que muitos desses assuntos terão de ser veiculados por norma jurídica elaborada com o *quórum* de lei complementar.

A *lei complementar*, em matéria tributária, opera, na ordem constitucional inaugurada em 1988, efeitos diversos daqueles contidos na anterior, uma vez que ela é, hoje, também, veículo de instituição de *tributo* e de *contribuição*,[240] espeçando-se quanto à *materialidade*, isto porque não se admitia que o ente competente instituísse tributo por *lei complementar* que tinha, apenas, a função de completar a Constituição

---

240. - cf. Brito, Edvaldo Pereira de. *Arts 145 ao 149-A*, cit., In. Paulo Bonavides, Jorge Miranda e Walber de Moura Agra (coords.), Comentários à Constituição Federal de 1988. Rio de Janeiro: Forense, 2009. p. 1780.

HUGO DE BRITO MACHADO[241] fala sobre o elenco de espécies normativas resultantes do processo legislativo, na vigente Constituição Federal, incluindo as *leis complementares*, mas, adverte que cada uma dessas *espécies normativas* constitui um grupo que se caracteriza pelos *elementos formais* e não pela *matéria* de que se ocupa, embora algumas delas sofram restrições, quanto à *matéria* — decretos legislativos e resoluções — afinal, para HUGO, o que as caracteriza é mesmo o *elemento formal*.

A Constituição, à *lei complementar* — diz esse autor — estabeleceu a *reserva* de certas *matérias*, tornando-se necessário reformular um *conceito de lógica jurídica* para adotar um *de direito positivo*, em nosso ordenamento jurídico, valendo lembrar que são muitos os dispositivos constitucionais que disciplinam essa *reserva*, inclusive, em matéria tributária, gizando que há divergência entre os que sustentam a qualificação dessa espécie normativa, como tal, por tratar de determinadas *matérias* objeto dessa *reserva*, classificando-os em dois grupos: "alguns sustentam que essa reserva de matérias é somente aquela feita expressamente, enquanto outros admitem a existência de matérias implicitamente reservadas pela Constituição à lei complementar":

I - reserva feita expressamente;

II – reserva às vezes implícitas na referência à lei;

III- reserva implícita mais ampla.

E, esse autor, começa a exposição, sobre esse terceiro grupo — *reserva implícita mais ampla* — dizendo que "Edvaldo Pereira de Brito admite a reserva sempre que houver na regra da Constituição referência à lei [...] Na doutrina de Edvaldo Brito é necessário o quórum da lei complementar

241. - cf. Lei complementar tributária. São Paulo: Malheiros Editores, 2010, p.92 e segs.

toda vez que a norma infraconstitucional tiver de ser integrativa, porque atina com a rigidez constitucional."

Efetivamente, é esse o pensamento que, aqui, o autor destas linhas, reitera, fazendo-o na sua completude, a fim de poder esclarecer até que ponto é um *conceito jurídico-positivo* este que deflui da chamada *doutrina Edvaldo Brito*; ou é uma formulação *lógico-linguística*, ao modelo que lhe vem sendo objeto dos seus estudos há mais de 30 (trinta) anos.

Um *conceito jurídico-positivo* tem a desvantagem de mudar o seu conteúdo, ao bel prazer do legislador.

É típico da ironia de KIRCHMANN.[242]

Enquanto o *lógico-jurídico,*[243] incluído o do *constructivismo lógico-semântico*, dá um enfoque pelo qual se obtém uma *precisão* na *forma* e uma *exatidão* de *pensamento*, com os quais — *precisão e exatidão* — constrói-se um discurso sem as pa*tologias* possíveis de ocorrer na comunicação entre o *emissor* e o *receptor* da mensagem, assegurando-se o *resultado* de um saber científico distinto daquele do saber tradicional, cheio de *ambiguidades*.

HUGO DE BRITO MACHADO,[244] enfim, conclui que as espécies normativas que estão indicadas como produto do processo legislativo caracterizam-se, todas elas, pelos *elementos formais*.

Portanto, ele não contempla, para a categorização, o elemento *matéria reservada à lei complementar*, até, *implicitamente*.

---

242. - "Três palavras retificadoras do legislador convertem bibliotecas inteiras em lixo".

243. - cf. Brito, Edvaldo. *Limites da revisão constitucional*. Porto Alegre: Sergio Antonio Fabris Editor, 1993, p. 11 e segs.

244. - cf. ob. cit. p. 111.

A denominada, por ele, *doutrina Edvaldo Brito* entende que devem ser contemplados os dois elementos do conceito, observado por uma ótica *lógico-linguística*, até porque não há uma ideia *jurídico-positiva* sobre o que é *lei complementar*.

PAUL WATZLAWICK, JANET HELMICK BEAVIN e DON D. JACKSON[245] fazem um estudo dos padrões, *patologias* e paradoxos da interação, advertindo que os investigadores de qualquer *objeto do conhecimento*, sempre, deparam-se com problemas de *interação sistêmica*, porque somente são solucionáveis mediante o domínio da *pragmática da comunicação humana*.

Reitera-se, aqui, por esse ângulo *lógico-linguístico*, a síntese da ideia do que HUGO DE BRITO MACHADO denomina *doutrina Edvaldo Brito*:

Lei complementar, no sistema estatuído na Constituição, é aquela que, tratando de instituições constitucionais ou de matéria para a qual tenha sido, expressa ou implicitamente, requerida pelo ordenamento constitucional, tenha, por isso, de ser aprovada pelo *quórum* específico da maioria absoluta dos votos dos membros das Casas Legislativas, vedada, portanto, a competência terminativa das Comissões, porque, desta forma, dispensa-se a do Plenário, tendo em vista a rigidez constitucional, relativamente, à competência para Emenda e considerando a natureza *integrativa* dessa norma complementar.

As demais leis, obviamente, são reguladoras, também, da Constituição, mas, não em nível de norma *integrativa*, como o é a *complementar*, batizada, ou não, assim, no texto da Lei Maior.

---

245. - cf. *Pragmática da comunicação humana – um estudo dos padrões, patologias e paradoxos da interação*. Trad. de Álvaro Cabral. São Paulo: Editora Cultrix. 1993.

Lei complementar, sob esse conceito, é uma *categoria* de norma legal infraconstitucional que desdobra uma norma constitucional, cuja *materialidade* é, expressa ou implicitamente, requerida pela própria Constituição, ou que corresponde a uma explicitação de elementos sumariados em norma constitucional, tipificadores de questões relativas a instituições constitucionais, além de obedecer à *forma* prescrita, na própria Constituição, quanto à elaboração; por exemplo a de *quorum*.

Assim, ela é *integrativa*, mas, não é condição para a aplicabilidade da norma constitucional, ainda que possam ocorrer algumas situações nas quais seja necessária a proteção jurisdicional para ou constituir o direito subjetivo no caso concreto, ou, sendo outras as hipóteses — exemplo: a de tornar efetiva norma constitucional — instar a pessoa competente a promover os *atos integrativos*, sob pena de a decisão judicial operar esses efeitos, se persistente a omissão.

A Constituição estabelece a *lei complementar* como veículo das *normas gerais* sobre *prescrição* e *decadência tributárias*, sem distingui-las em norma de natureza material e normas de natureza *processual*.

Definidas, como estão, as categorias jurídicas — *normas gerais* e *lei complementar* — não há como aceitar que seja passível de lei ordinária, a regência da denominada *prescrição intercorrente tributária*.

A tese de julgamento fixada pelo Supremo Tribunal Federal faz com que se insista que o *fenômeno jurídico* é a conduta humana na sua interferência intersubjetiva,[246] sendo a *norma jurídica de direito positivo* o *pensamento* dessa conduta.

---

246. - cf. Cossio, Carlos. *La teoria egologica del derecho y el concepto jurídico de libertad*. Segunda edicion. Buenos Aires: Abeledo-Perrrto, 1964, p.102 e segs.

A *norma* é um *conceito*, isto é, um *objeto lógico* — e não um *objeto real* — porque a *conduta*, sim, é este *objeto real* representado, intelectualmente, por esse *conceito*.[247]

Consequentemente, é significativo o *pensamento* dos tribunais sobre essa *conduta*, especialmente, quando se trata do *pensamento constitucional*, que cabe ao Supremo Tribunal Federal, a quem incumbe a sua *guarda*,[248], o qual, em sessão virtual e em *repercussão geral*, fixou a *tese de julgamento*, já anunciada linhas atrás.

---

247. - cf. Cossio, Carlos. *La valoración jurídica y la ciencia del derecho*. Buenos Aires. Ediciones ARAYÚ. 1954, p. 61.

248. - cf., sobre o assunto: Kelsen, Hans. *Quem deve ser o guardião da constituição?* In. Jurisdição constitucional, 2ª ed. São Paulo: Martins Fontes, 2007, p.237 e segs. Schmitt, Carl. *O guardião da constituição*. Trad. Geraldo de Carvalho. Belo Horizonte: Del Rey, 2007, p. 193 e segs.

CAPÍTULO V

A CONTAGEM DOS PRAZOS DECADENCIAIS E PRESCRICIONAIS ESTABELECIDOS PELO CÓDIGO TRIBUTÁRIO NACIONAL

5.1 Prazos de decadência

O Código Tributário Nacional não tem boa sistemática no que se refere à contagem dos prazos de *decadência* e de *prescrição*. Mas, não poderia ser outra a sua maneira, porque já foi dito, linhas atrás, que inexistia, no Brasil, tradição de regrar, em termos de direito positivo, essa matéria.

Esse Código, nesta linha, cuida de disciplinar a matéria em disposições esparsas no seu texto ou recebe modificações, através de outros correspondentes de *leis complementares* que o tenham alterado, contribuindo, assim, para que se tenham acentuado, até aqui, dúvidas como a de saber-se a natureza do prazo do § 4º do seu art. 150.[249]

---

249. - O Supremo Tribunal Federal decidiu, há muito tempo, que o prazo é de decadência. Cf. *Rec. Ext.nº72.623, Rel. Min. Oswaldo Trigueiro*, Rev. Trim Jurisp. 62/174 - mas, recentemente, a 3ª Cam. Civ. do Trib. Just. de Minas Gerais decidiu tratar de prazo de prescrição - cf. ac. nº39.104/5, DJ MG de 23.04.96, p. 2.

Essas as razões responsáveis por não haver univocidade quanto ao número de regras autônomas ou de regras de aplicação *integrativa*, entre si; nem é pacífica a solução quanto ao início da *contagem dos prazos* relativos a cada qual dessas duas categorias.[250]

É nesse cipoal que se constrói a tese que segue

5.1.1 Regra geral compatível com a natureza jurídica dessa contagem

A *decadência*, assim como a *prescrição*, é, também, uma instituição jurídica. Designa-se, como tal, aos organismos representativos de estratificações sociais aos quais a ordem jurídica apreende e lhes outorga certos efeitos deônticos; elas oferecem sempre certa base objetiva, autônoma, não depende por inteiro da ordenação legal nem dúctil às criações subjetivas do intérprete.[251]

Essas instituições, portanto, têm vida própria e, por isso, pode-se identificar sua natureza jurídica independentemente do tratamento dogmático em cada sistema.

A *decadência* configura a *influência do tempo* sobre a constituição e o exercício de um direito que nasce com prazo extintivo pré-fixado.

Logo, afirme-se que o Código Tributário Nacional insculpe *regra* que, sendo compatível com essa natureza, pode ser caracterizada como *geral*.

Tal é o disposto no § 4º do seu art. 150 ao estabelecer o fato gerador como termo inicial da contagem do prazo de *caducidade* para o direito de constituição do crédito,

---

250. - Basta examinar a jurisprudência dos Tribunais Superiores que expressa divergência entre si e entre os respectivos componentes.

251. - cf. Hernandez Gil, Antônio et alli. *Estruturalismo y derecho*. Madrid: Alianza Editorial S. A, 1973, p. 36.

mesmo que seja mediante a revisão do recolhimento, feito pelo sujeito passivo, do valor antecipado do tributo.

Porém, merece censura a parte final desse dispositivo, qual seja a que se refere à ressalva desse prazo se ocorrer *dolo*, *fraude* ou *simulação*.

Esses eventos são *vícios* da vontade, classificados como *psíquicos*, correspondentes a irregularidades no processo de formação dessa vontade.

A natureza desses eventos em nada influi na da *decadência*, porque são circunstâncias incompatíveis com a *influência do tempo* nas relações jurídicas, porque o prazo, que ele exprime, não comporta qualquer obstáculo na sua *contagem* e, para as referidas circunstâncias, há sanções típicas estabelecidas pela *ordem jurídica*.

5.1.2 Exceções

Há de acertar o intérprete que identificar no Código, além dessa *regra geral*, quatro *exceções* a esse critério pertinente, as quais não guardam compatibilidade com a natureza da *decadência*.

São elas: o "*caput*" do próprio art. 150, os dois incisos do art. 173 e o seu parágrafo único.

Todas elas quatro são de interpretação problemática, louvando-se, por isso, a que lhes fez, há cinquent'anos atrás, SEBASTIÃO DE OLIVEIRA LIMA.[252]

A *primeira exceção* à *regra geral* ela própria formula e consiste na sua determinação de que os seus termos se aplicam, apenas, ao tributo à que a lei permitir a antecipação

252. - cf. *A revogação do artigo 423, parágrafo único, do regulamento do imposto sobre a renda* in. Decadência e prescrição - COMENTÁRIO Seção 1.3 Resenhas nºs. 57/74, 58/74, p. 677 e segs.

do recolhimento do seu valor. Consequentemente, não incidem, nesses casos, as disposições do art. 173.

A *segunda exceção* é veiculada pelo próprio art. 173, ao estabelecer no seu inciso I que o termo inicial da contagem do prazo não é o correspondente ao nascimento do direito, na data da ocorrência do *fato gerador*; mas o primeiro dia do exercício seguinte àquele em que o *lançamento* poderia ter sido efetuado.

É evidente que há de admitir-se essa regra, apenas, para a hipótese em que o *lançamento de ofício* não foi efetuado no tempo certo, dentro do exercício, porque o Fisco não diligenciou neste sentido ou, sendo tributo de *fato gerador* decorrente de situação pendente, esta se complete em tempo incerto durante o exercício e, assim, assegura-se um termo certo para o início da *contagem*: 1º de janeiro do ano subsequente a essa pendência, considerando que, no Brasil, o exercício financeiro coincide com o ano civil.

A *terceira exceção* é a do inciso II do art. 173.

Refere-se a qualquer espécie de *lançamento* cujo procedimento for anulado, por vício formal, seja por decisão administrativa, seja judicial, o termo inicial da *contagem* corresponderá à data da decisão.

Preserva-se para a *anulabilidade* o efeito que se atribui à *nulidade*, pois, não se aproveita o período já ocorrido, considerando-se que, sendo o vício *formal*, para ele o sujeito passivo não contribuiu.

Isto autoriza a *interpretação* alternativa de que essa regra é *integrativa* do art. 145, III, pois somente será possível a ocorrência desse vício se ele configurar uma das hipóteses do art. 149 e, neste caso, há de tratar-se de uma *revisão de lançamento* e não de *um novo lançamento*, pelo que se terá de respeitar o período dispensado à *efetivação da caducidade*, porque a *revisão* só se admite enquanto não *decaído* o direito de o Fisco *efetivar* e *revisar lançamento*.

É, assim, porque não se pode perder de vista a natureza da *decadência*.

A *quarta exceção* é a do parágrafo único do art. 173.

Consiste na hipótese de o Fisco, em qualquer das circunstâncias descritas no art. 173, vir a notificar o sujeito passivo de qualquer medida preparatória do *lançamento*, pelo que se dá por iniciada a *constituição do crédito* e considerada, como termo inaugural do prazo de *decadência*, a data dessa notificação.

Aqui, portanto, antecipa-se o começo do prazo.

A conclusão que se impõe vem pela observação de que essas *exceções* atribuem *natureza "sui generis"* à *decadência*, em *matéria tributária*, porque elas não se coadunam com a essência da instituição.

A rigor, bastaria a *regra geral* do "*caput*" do § 4º do art. 150.

5.2 Prazos de prescrição: peculiaridades processuais

A Constituição de 1988 teve a dimensão da natureza dessas duas instituições jurídicas e, por isso, determina que a sua disciplina normativa terá de ser em nível de *lei complementar*, não distinguindo entre normas de direito material ou de direito processual.

Consequentemente, as normas do Código de Processo Civil — *lei ordinária* — sobre matéria similar são inaplicáveis ao campo tributário.

O marco inicial da *contagem* está fixado no Código Tributário Nacional: é a *constituição definitiva* do crédito tributário, circunstância, exaustivamente, examinada neste livro.[253]

---

253. - cf. nota de rodapé 46 e p.11, 123, 129, 135.

A *constituição definitiva*, portanto, somente, ocorre quando já foi percorrido o *iter* descrito pelo art. 142 do Código Tributário Nacional, pelos agentes da Administração Tributária envolvidos na prática dos atos de sequência, sem qualquer irregularidade formal, da qual resulte como irregular a *constituição devida*; finalizada essa prática, encerrando o tempo útil para qualquer providência permitida em lei, para modificá-lo, ele se torna *inalterável* (*crédito definitivamente constituído*).

Aqui, são pertinentes todas as considerações já expendidas sobre a hierarquia superior do Código Tributário Nacional em relação à Lei nº 6.830/80, especialmente, a análise da *prescrição intercorrente*, em matéria tributária.

5.3 Os equívocos da jurisprudência

Há decisões históricas, no Supremo Tribunal Federal que interpretam corretamente essa disciplina do Código Tributário Nacional, arrimadas na Doutrina autorizada.

Destaquem-se dois exemplos: o RE nº 94.462-1 SP,[254] pelo qual o Supremo Tribunal Federal deliberou que "*entre o auto de infração e a decisão final proferida na reclamação administrativa do contribuinte, flui o prazo quinquenal da decadência*"; o julgado publicado na *RT* 612/222, no qual a alta Corte entendeu que a

> a interpretação dada ao art. 40 da Lei 6.830/80, recusando a suspensão da prescrição por tempo indefinido, é a única suscetível de torná-lo compatível com a norma do art. 174, parágrafo único do CTN, a cujas disposições gerais é reconhecida a hierarquia da lei complementar.

254. - cf. rel. min. Soares Muñoz 30.06.1981 e, para os Embargos de Divergência, rel. min. Moreira Alves, 06.10.1982.

Há, também, seguindo essa Doutrina, alguns julgados do Superior Tribunal de Justiça tão louváveis quanto, mas, encontram-se outros, no correr do tempo, totalmente, incompatíveis com qualquer das interpretações dadas pela Doutrina ou, mesmo, pela própria jurisprudência do Supremo Tribunal Federal.

Confira-se, por todos, o acórdão proferido no REsp. nº69.308-SP,[255] confirmando *tendência equivocada* da 1ª Turma, no sentido de que o art. 173, I, do Código Tributário Nacional deveria ser interpretado em conjunto com o seu art. 150, § 4º. Disto resultaria um prazo de dez anos, pois o prazo *decadencial* teria início quando se escoasse o prazo deferido ao credor para consumar o *lançamento* (!?). Renove-se, agora, a lembrança do *equívoco*, já mencionado, cometido pelo Tribunal de Justiça de Minas Gerais, relativamente à natureza do prazo do § 4º do art.150 do Código Tributário Nacional.

255. - cf. rel. min. Humberto Gomes de Barros 04.12.1995.

CONCLUSÃO

O texto busca provar que:

- a natureza dualista da estrutura da obrigação, além de ser pertinente à obrigação tributária, também, é fundamental à identificação da natureza da *decadência* e da *prescrição* tributárias apesar da disciplina que lhe reservou o Código Tributário Nacional;
- o *lançamento* é uma "*condictio juris*" para a *exigibilidade* do crédito tributário, revelando, o respectivo procedimento, o exercício de um *direito potestativo,* gerando os efeitos compatíveis na relação jurídica tributária;
- o *lançamento* é um *procedimento* administrativo vinculado, por isso, expressa as características de um *poder-dever*;
- a constituição *definitiva* do crédito tributário abrange todo o procedimento deferido aos órgãos administrativos, mesmo os colegiados, devendo, por isso, todos os atos serem praticados dentro no *prazo decadencial*, inclusive, se for o caso, a lavratura e o julgamento do auto de infração;

- a *suspensão da exigibilidade do crédito tributário* não paralisa a contagem do *prazo de prescrição*;
- ocorre a prescrição intercorrente na esfera administrativa.

REFERÊNCIAS

ALEMANHA. BGB – Bügerliches Gesetzbuch (Código Civil alemão).

ALESSI, Renato. *Instituciones de derecho administrativo,* tomo II, Barcelona: Bosch, 1970.

ALMEIDA NETO, Manoel Carlos de. *O novo controle de constitucionalidade municipal.* Rio de Janeiro: Forense, 2010.

ALVES, José Carlos Moreira. *Direito romano.* 5 Ed. Rio de Janeiro: Forense, 1995. v. 2.

ANDRADE, Manuel A. Domingues de. *Teoria geral da relação jurídica:* sujeitos e objecto. Coimbra: Almedina, 1974. v.1.

ARAGÃO, J. Guilherme. A justiça administrativa no Brasil. *Cadernos de Administração Pública* – 25. Rio de Janeiro: Fundação Getúlio Vargas, 1955.

ARCHI, G.G. Condizione (diritto romano), in. *Enciclopedia del diritto.* Milano, 1961.

ARISTÓTELES. *Ética a Nicômacos.* Tradução: Mário da Gama Kury. 4 ed. Brasilia: Universidade de Brasilia, 2001.

ASCARELLI, Tullio. *Problemas das sociedades anônimas e direito comparado.* 2ª ed., São Paulo. Saraiva, 1969.

________. *Obbligazioni pecuniarie* – Art. 1.277-1.284, Ristampa della prima edizione, Bologna, Nicola Zanichelli Editore, Roma, Soc. Ed. del Foro Italiano, 1968.

ASCENSÃO, José de Oliveira. *As fontes do direito no sistema jurídico anglo-americano.* Lisboa: Ministério das Finanças, 1974.

AUBRI et Rau. *Cours de droit civil français.* t.12, Paris: Juris-Classeurs, 1922.

BACHOF, Otto. *Normas constitucionais inconstitucionais?* Trad. José Manuel M. Cardoso da Costa. Coimbra. Atlântida Editora. 1977.

________. *Jueces y Constitución,* trad. Rodrigo Bercovitz Rodriguez-Cano Madrid. Editorial Civitas, S.A. 1987.

BALEEIRO, Aliomar. *Direito tributário brasileiro.* 1ª ed. Rio de Janeiro: Forense, 1990.

BARBERO, Domenico. *Sistema istituzionale del diritto privato italiano.* 3ª ed. tomo.2. Unione Tipográfico – Editrice Torinese. 1950.

BECKER, Alfredo Augusto. *Teoria geral do direito tributário.* São Paulo: Saraiva, 1963.

BÉGUIN, Jean-Claude. *Le Contrôle de la Constitutionnalité des Lois en République Fédérale D'Allemagne.* Paris: Economica, 1982.

BERLIRI, Antonio. *Principios de derecho tributario*: la comprobación. Traducción y estudio preliminar por Carlos Palao Taboada. v.3. Madrid: Derecho Financiero, 1973.

BETTI, Emilio. *Teoria geral do negócio jurídico.* Trad. Fernando de Miranda. Tomo 1. Coimbra: Coimbra Editora Ltda., 1969.

________. Interpretación de la Ley y de los Actos Juridicos. Trducción de José Luis de los Mozos. Madrid: Revista de Derecho Privado, 1975.

BEVILÁQUA, Clóvis. *Código Civil dos Estados Unidos do Brasil, comentado.* Edição histórica. Rio de Janeiro. Ed. Rio, 1975.

________. *Teoria geral do direito civil.* 7ª ed. São Paulo: Livraria Francisco Alves, 1955.

_____. *Teoria geral do direito civil*, atualizada por Achilles Bevilaqua e Isaias Bevilaqua - 7a. ed. Rio de Janeiro: Editora Paulo de Azevedo Ltda., 1955.

BEUDANT, Robert. *Cours de droit civil français.* 2ª.ed., t.IX. – Les Contrats et les Obligationes. Paris: Librairie Arthur Rousseau; 1953.

BITTENCOURT, Lúcio. *O controle jurisdicional de constitucionalidade das leis.* 2ª ed. Rio de Janeiro: Forense, 1968.

BORGES, José Souto Maior. Obrigação tributária: uma introdução metodológica. São Paulo: saraiva, 1984.

________. *Tratado de direito tributário brasileiro*: lançamento tributário. Rio de Janeiro: Forense, 1981, v. 4.

BRANDÃO, Antonio Jose. *Sobre o conceito de constituição política.* Lisboa: Estado & Direito, 1990.

BRASIL. Lei nº 10.406, de 10 de janeiro de 2002. Institui o Código Civil.

BRASIL. Lei nº 10.406, de 10 de janeiro de 2002. Institui o Código Civil. *Diário Oficial da União.*

BRITO, Edvaldo. Arts 145 ao 149-A, cit., In. Paulo Bonavides, Jorge Miranda e Walber de Moura Agra (coords.), *Comentários à Constituição Federal de 1988.* Rio de Janeiro: Forense, 2009.

________. *Aspectos polêmicos da nova lei sobre execução fiscal.* São Paulo: LTr Suplemento Tributário nº106/81.

________. *A constituição definitiva do crédito tributário e a prescrição.* In. Martins, Ives Gandra da Silva (Coord.). Caderno de Pesquisas Tributárias: Decadência e Prescrição. nº. 1. São Paulo: Resenha Tributária, 1976.

________. *O contrato com pessoa a declarar, no Brasil, é um pacto:* transversalidade entre direito privado e direito público. 1ª ed. São Paulo: Noeses, 2023.

________. *Contribuições sociais e econômicas*: natureza jurídica e prescrição. São Paulo: Ed. Resenha Tributária, 1976.

________. Decadência e prescrição, in. *Caderno de Pesquisas Tributárias,* 2(1):69. Coordenador Ives Gandra da Silva Martins. São Paulo: Coedição do Centro de Estudos de Extensão Universitária e Editora Resenha Tributária. 1976.

________. *Direito tributário:* imposto, tributos sinalagmáticos, contribuições, preços e tarifas, empréstimo compulsório. São Paulo: Atlas, 2015.

________. Lançamento. In. *Revista de Direito Tributário,* nº 42. São Paulo. Ano 1 - out/dez 1987.

________. Problemas Jurídicos do ICM. Salvador: Legislação e Jurisprudência Fiscal, 1974.

________. Teoria do crédito tributário no direito brasileiro, in: *Revereor,* São Paulo: Saraiva, 1981.

________. Um conceito jurídico de dívida tributária. In *Suplemento Tributário* nº155/77. Ltr. São Paulo.

CÂMARA LEAL, Antonio Luiz da. *Da decadência e da prescrição.* 2ª ed. atualizada pelo juiz José de Aguiar Dias. Rio de Janeiro: Forense, 1959.

CAMÕES, Luís. *Os Lusíadas*. 12 ed. São Paulo: Melhoramentos, [s.d].

CAMPOS, Dejalma. *Direito processual tributário*. São Paulo: Atlas, 1993.

CAMPOS, Francisco. *Direito constitucional*. Rio de Janeiro: Freitas Bastos, 1956, v.2.

CANTO, Gilberto de Ulhoa. *O processo tributário* (anteprojeto de lei orgânica, de sua elaboração). Rio de Janeiro: Fundação Getulio Vargas. 1864.

CARVALHO, Paulo de Barros. *Curso de direito tributário*.17ª ed. São Paulo: Saraiva. 2005

________. Decadência e prescrição, in. *Caderno de Pesquisas Tributárias* 2(1). Coordenador Ives Gandra da Silva Martins. São Paulo: Coedição Centro de Estudos de Extensão Universitária / Editora Resenha Tributária. 1976.

________. Obrigação tributária. In: SOUZA, Hamilton Dias de; TILBERY, Henry; MARTINS, Ives Gandra da Silva (Coords.). *Direito Tributario* 5: comentários ao Código Tributário Nacional. São Paulo: José Bushatsky, 1977. v.3.

CAVALCANTI, Themistocles Brandão. *Do controle da constitucionalidade*. Rio de Janeiro: Forense. 1966.

CHIOVENDA, Giuseppe. *Instituciones de derecho procesal civil* (Istituzioni di Diritto Processuale Civile): conceptos fundamentales la doctrina de las acciones. Traducción del italiano y notas de Derecho Español: E. Gomez Orbaneja. Madrid: Editorial Revista de Derecho Privado, 1948. v.1.

COLIN e Capitant. *Cours elementaire de droit civil français*. Paris: Librairie Dalloz, 1928.

COMPARATO, Fábio Konder. *Essai d'analyse dualiste de l'obligation en droit privé*. Paris: Librairie Dalloz. [s.d].

CORPUS IURIS CIVILIS: *Digesto*: Livro I. Equipe Responsável: coordenação e tradução Edilson Alkmim; Antônio Augusto Catão Alves [et al.]. Brasília: TRF1, ESMAF, 2010,

COSSIO, Carlos. *La teoría egológica del derecho y el concepto jurídico de libertad*, 2ª. Buenos Aires: Abeledo-Perrot, 1964.

________. *La valoración jurídica y la ciencia del derecho*. Buenos Aires. Ediciones ARAYÚ. 1954

COSTA, Alcides Jorge. Da extinção das obrigações tributárias. São Paulo: Resenha Tributária, 1991.

Del Contrato, de las Obligaciones y de la Prescripción: ante-proyecto de reforma del Código civil francésLibro III, títulos III y XX. Tradução Fernando Hinestrosa. Argentina: Universidade Externado de Colombia, 2006.

DANTAS, San Tiago. Evolução do direito contratual. in. *Problemas de direito privado* - estudos e pareceres. Rio de Janeiro: Forense. 1953.

DEMELIUS, Gustav. *Prescrição e caducidade.* (Untersuchungen aus dem römischen Zivilrechte). Weimar, 1856.

DENARI, Zelmo. *Decadência e prescrição tributária:* breve ensaio aplicado ao ICM. Rio de Janeiro: Forense. 1984.

DESCARTES, René. *Discurso sobre o método*. Trad. Márcio Pugliesi e Norberto de Paula Lima. São Paulo: Hemus, 1978.

DONELLUS, H. *Commentaria Ad tit. Dig. De praescriptis verbis et in factum actionibus*, Heidelberg 1574, 1580. *Commentaria ad tit. Inst. De actionibus*, Antuérpia 1581, 1596, 1620

DONIZETTI, Elpídio. *Curso didático de direito processual civil.* 23ª ed. revista, atualizada e ampliada. São Paulo: Atlas, 2020.

DURKHEIM, Émile. *As regras do método sociológico*. Tradução Maria Isaura Pereira de Queiroz. 2 ed. São Paulo: Nacional, 1960.

ESPÍNOLA, Eduardo. Et al. *Tratado de direito civil brasileiro*: dos direitos subjetivos. v. 9 –. Rio de Janeiro/São Paulo. Livraria Editora Freitas Bastos. 1941.

FAGUNDES, M. Seabra. *O controle dos atos administrativos pelo Poder Judiciário*. 5ª ed. Rio de Janeiro: Forense, 1979.

FANUCCHI, Fabio. *Curso de direito tributário brasileiro*. 3 ed. São Paulo: Resenha Tributária, 1975. v.1.

________. *A decadência e a prescrição em direito tributário*. 3ª ed. São Paulo: Ed. Resenha Tributária, Instituto Brasileiro de Estudos Tributários, 1976.

FLEINER, Fritz. *Instituciones de derecho administrativo*. Trad. 8ª ed. alemã por Sabino Gendin. Barcelona: Ed. Labor, 1933.

FURTADO, Paulo. *Execução*. 2 ed. São Paulo: Saraiva, 1991.

GARCIA, Rubén Spila. *Principios de derecho procesal tributario*. Buenos Aires: Depalma. 1978.

GIANNINI, A D. *Istituzioni di diritto tributario*. 4ª ed. Milano: Dott A Giuffre Editore, 1972.

GOMES, Orlando. *Introdução ao direito civil*. 12ª ed. Rio de Janeiro: Forense, 1996.

GOMES. Orlando. *Introdução ao direito civil*. 20ª ed. revista, atualizada e aumentada, de acordo com o Código Civil de 2002, por Edvaldo Brito e Reginalda Paranhos de Brito. Rio de Janeiro: Forense, 2010.

________. *Introdução ao direito civil*. 22ª ed. Coordenador e atualizador Edvaldo Brito; atualizadora Reginalda Paranhos de Brito. Rio de Janeiro: Forense, 2019.

________. *Obrigações*. 11ª ed. Rio de Janeiro: Forense, 1996.

________. *Obrigações*. 19ªed. atualizador Edvaldo Brito. Rio de Janeiro: Forense, 2019.

GOMEZ CORRALIZA, Bernardo. *La caducidad*. Madrid: Editorial Montecorvo, S.A, 1990.

GRAU, Eros Roberto. *Elementos do direito econômico*. São Paulo: Ed. Revista dos Tribunais, 1981.

GRAWEIN, Alexander. Verjährung und Gesetzliche Befristung. Leipzig: Duncker & Humblot,1880.

GRAZIER, François. A justiça administrativa na França; O Conselho de Estado Francês. *Cadernos de administração pública* – 29. Rio de Janeiro: Fundação Getúlio Vargas, 1955.

GRECO, Marco Aurélio. *Dívidas fiscais - I (procedimento administrativo)*. São Paulo: Editora Saraiva. 1977.

GUILLOUARD, L. Traité de la prescription, t. premier. Paris: A Pedone, Éditeur, 1901.

GUIMARÃES, Carlos da Rocha. *Prescrição e decadência*. Rio de Janeiro: Forense, 1980.

________. *Prescrição e decadência*. 2ª ed. Rio de Janeiro: Forense, 1984.

HAURIOU, Maurice. *Précis de droit administratif et de droit public général: a l'usage des etudiants en licence et en doctorat es-sciences politiques*. 5 ed. Paris: DALLOZ, [s.d.].

HERNANDEZ GIL, Antônio et alli. *Estruturalismo y derecho*. Madrid: Alianza Editorial S. A, 1973.

HUSSERL, Edmund. *A ideia da fenomenologia*. Tradução de Artur Morão. 2 ed. Lisboa: Edições 70, 1986.

________. *Ideas*: relativas a una fenomenología pura y una filosofía fenomenológica. Tradução de José Gaos. 2 ed. México: Fondo de Cultura Económica, 1985

JARACH, Dino. *Curso superior de derecho tributario*. Buenos Aires: Liceo Profesional Cima, 1969.

KALINOWSKI, George. *Introducción a la lógica jurídica*: elementos de semiótica jurídica, lógica de las normas y lógica jurídica. Buenos Aires: EUDEBA, 1973.

KELSEN, Hans. Quem deve ser o guardião da constituição? In. *Jurisdição constitucional*. 2ª ed. São Paulo: Martins Fontes, 2007.

________. *Teoria pura do direito*. Tradução de João Baptista Machado. 3 ed. Coimbra: Arménio Amado, 1974.

LARENZ, Karl. *Derecho justo* - fundamentos de ética jurídica. Madrid: Editorial Civitas, S.A, 1990.

________. *Derecho de obligaciones*, tomo I, versión española y notas de Jaime Santos Briz. Madrid: Editorial revista de Derecho Privado. 1958.

_____. *Metodologia da ciência do direito*. 8ª ed. Tradução de José Lamego. Lisboa. Edição da Fundação Calouste Gulbenkian. 2019

LASSALE, Ferdinand. *A essência da Constituição*. 2 ed. Prefácio de Aurélio Wander Bastos. Rio de Janeiro: Liber Juris, 1988.

LEAL, Antônio Luís da Câmara. *Da prescrição e da decadência*. 2ª. ed. atualizada pelo juiz José de Aguiar Dias. Rio de Janeiro: Forense, 1959.

LE BRUN, André. L'innconstitutionnalité des lois aux États-Unis. : thèse pour le doctorat. Paris: Droit et de Jurisprudence/Arthur Rousseau, 1899.

LIMA, Ruy Cirne. *Princípios de direito administrativo*. 5 ed. São Paulo: Revista dos Tribunais, 1982.

LIMA, Sebastião de Oliveira. A revogação do artigo 423, parágrafo único, do regulamento do imposto sobre a renda.

In: CASTANHEIRA, Helio Graça; et al. *Decadência e prescrição*. São Paulo: Resenha Tributária, nº57/74, [s.d.]. v.2.

LIMONGI FRANÇA, R. *Jurisprudência da prescrição e decadência*. São Paulo: Editora Revista dos Tribunais, 1979.

MACHADO, Hugo de Brito. *Lei complementar tributária*. São Paulo: Malheiros, 2010.

MANIGK, Alfred. *Declaração de intenção e ato de vontade*: sua concepção e tratamento de acordo com o Código Civil: um sistema de ações judiciais = Willenserklaerung und willensgeschaeft Berlin, F.vahlen 1907.

MARTINS, Ives Gandra da Silva. Decadência e prescrição, in *Caderno de Pesquisas Tributárias* 1(1):187. São Paulo: ed. Resenha Tributária/Centro de Estudos de Extensão Universitária, 1976.

________. Poder corretivo dos tribunais administrativos fiscais. Salvador: Editora Revista Legislação e Jurisprudência Fiscal. Estudos LJF, nº 20, mar. 1981.

MAYER, Otto. *Le droit administratif allemand*. Tome deuxième. Paris: V. Giard & E. Briere, Libraires Editeurs, 1904, v.2.

MAZEAUD & MAZEAUD. *Lecciones de derecho civil* - parte segunda - v. I trad. Luis Alcalá-Zamora y Castillo. Buenos Aires: Ediciones Juridicas Europa-America, 1978.

MEDAUAR, Odete. *A processualidade no direito administratrivo*. São Paulo: Editora Revista dos Tribunais, 1993.

MEIRELLES, Hely Lopes. *Direito administrativo brasileiro*. 6ª ed., São Paulo: Editora Revista dos Tribunais, 1978.

________. *O processo administrativo e em especial o tributário*. São Paulo: editora Resenha Tributária, 1975.

MELLO, Celso Antônio Bandeira. *Elementos de direito administrativo.* 3ª ed., São Paulo: Malheiros Editores Ltda. 1992.

MELLO, Oswaldo Aranha Bandeira de. *A teoria das constituições rígidas*. 2 ed. São Paulo: Bushatsky, 1980.

MENDES, Gilmar Ferreira. Ação declaratória de constitucionalidade: a inovação da emenda constitucional nº3, de 1993. In. *Ação declaratória de constitucionalidade*. Ives Gandra da Silva Martins, Gilmar Ferreira Mendes coordenadores. São Paulo: Saraiva, 1994.

_______. *Controle de constitucionalidade:* aspectos jurídicos e políticos. São Paulo, Saraiva, 1990.

MENDONÇA, José Xavier Carvalho de. *Tratado de direito comercial brasileiro:* das coisas do direito comercial. 6ª ed. v.5; parte 2. Rio de Janeiro: Livraria Freitas Bastos S.A, 1960.

MESSINA, Giuseppe. *Diritti potestative*. Milão: Scritti Giuridici 1948.

MIRANDA, Pontes de. *Tratado de direito privado.* 4 ed; Tomo 6. São Paulo: Revista dos Tribunais, 1983. v.6.

MOTA, Pedro Vieira. *Sustação do protesto cambial.* 6 ed. São Paulo: Saraiva, 1984.

NINO, Carlos Santiago. *Consideraciones sobre la dogmática jurídica.* Mexico: UNAM, 1974.

NOGUEIRA, Ruy Barbosa. *Teoria do lançamento tributário.* São Paulo: Editora Resenha Tributária Ltda. 1973.

ORLANDO, Vittorio Emanuele. *Principios de derecho administrativo.* Traducción de Alvaro Rodriguez Bereijo. Madrid: Instituto Nacional de Administracion Publica, 1978.

PERLINGIERI, Pietro. *Perfis do direito civil:* introdução ao direito civil constitucional. Tradução de Maria Cristina de Cicco. 2ª ed. Rio de Janeiro/São Paulo: Renovar, 2002.

PIZZORUSSO, Alessandro. *Curso de derecho comparado.* Barcelona: Ariel, 1987.

PORTALIS, Jean Etienne Marie. *Discurso preliminar al Código Civil francês.* Introducción y traducción de I. Cremades y L. Gutiérrez-Masson. Madrid: Editorial Civitas, S.A. 1997.

PUGLIESE, Giovanni. Res corporales, res incorporales e il problema del diritto soggettivo. *Revista Quaestio Iuris*, v. 11, n. 3, 2018.

RESCIGNO. *Enciclopedia del diritto*, v.8, ps.768-78.

________. *Manuale di diritto privato italiano.* Napoli: Jovene, 1974.

RIBAS, Antonio Joaquim. *Curso de direito civil brasileiro*: introdução ao estudo do direito civil. 4ª ed. v.1 Rio de Janeiro. Jacintho Ribeiro dos Santos, 1915.

ROCHA, Valdir de Oliveira. O novo processo administrativo tributário. São Paulo: *IOB – Informações Objetivas.* 1993.

ROSS, Alf. *El concepto de validez y otros ensayos.* Buenos Aires: Buenos Aires, Centro Editor de América Latina, 1969.

________. *Sobre el derecho y la justicia.* Trad. Genaro R. Carrió. Buenos Aires: EUDEBA Editorial Universitaria de Buenos Aires, 1963.

ROUBIER, Paul. *Droits subjecties et situations juridiques.* Paris: Dalloz, 1963.

SAMPAIO, Nelson de Sousa. *O poder de reforma constitucional.* 2ª ed. atualizada. Bahia. Edição da Imprensa Oficial. 1961.

SANCHEZ AGESTA, Luis. *Princípios de teoria política*. 7ª ed. 3ª reimpressão. Madrid. Editoriales de Derecho Reunidas, 1990.

SANTIAGO NINO, Carlos. Consideraciones sobre la dogmática jurídica: (con referência particular a la dogmática penal). México: Instituto de Investigaciones Jurídicas, 1974.

SANTI ROMANO. *Principii di diritto ammnistrativo italiano*. Milano. Società Editrice Libraria. 1901.

_______. *Fragmentos de un diccionario jurídico*. Traducción de Santiago Santís Melendo y Marino Ayera Redin. Bueno Aires: Ediciones Juridicas Europa-America, 1964.

SAVIGNY, M.F.C. de. *Sistema del derecho romano actual*. Tomo IV, Traduzido do alemão por M. Ch. Guenoux, vertido ao castelhano por Jacinto y Manuel Poley. Madrid. F. Góngora y Compañia, Editores. 1879.

SCHMITT, Carl. *O guardião da Constituição*. Trad. Geraldo de Carvalho. Belo Horizonte: Del Rey, 2007.

SECKEL, Emil. *Die Gestaltungsrechte des bürgerlichen Rechts*. Berlin: Liebmann, 1903.

SOUSA, Rubens Gomes. *Comentários ao Código Tributário Nacional:* Parte geral [por] Rubens Gomes de Sousa, Geraldo Ataliba [e] Paulo de Barros Carvalho, São Paulo, Ed. Revista dos Tribunais, EDUC, 1975.

_______. *Compêndio de legislação tributária*. Coordenação: IBET - Instituto Brasileiro de Estudos Tributários. Edição Póstuma. São Paulo: Resenha Tributária, 1975.

_______. Idéias gerais para uma concepção unitária e orgânica do processo fiscal. In. *Justiça e processo fiscal*. Publicação nº 2. Rio de Janeiro: IBDF, 1954.

TELLES, lnocêncio Galvão. *Direito das Sucessões*. 2ª ed. Lisboa: Coimbra Editora, Ltda, 1973.

THEODORO JÚNIOR, Humberto. *Curso de direito processual civil:* Execução forçada (comprimento de sentença - execução de títulos extrajudiciais). Processos no Tribunais. Recursos. Direito Intertemporal. 52 ed. Rio de Janeiro: Forense, 2019. v.3.

TOMASICCHIO, Tommaso. *Manuale del contenzioso tributario.* II Diritto Tributario, Serie I, Volume XLIV . Padova: CEDAM, 1978.

TRABUCCHI, Alberto. *Istituzioni di diritto civile.* 10 ed. Padova: Dott. Antonio Milani, 1957.

VILANOVA, Lourival. *As estruturas lógicas e o sistema do direito positivo.* São Paulo: Revista dos Tribunais, EDUC, 1977.

_________. Teoria jurídica da revolução. In: *As tendências atuais do direito público*: estudos em Homenagem ao Professor Afonso Arinos de Melo Franco. Prefácio: Aliomar Baleeiro. Rio de Janeiro: Forense, 1976.

VILLEY, Michel. *Leçons d'histoire de la philosophie du droit.* Nouvelle édition. Paris: Dalloz, 1962.

________. Philosophie du droit - I, définitions et fins du droit: I. définitions et fins du droit. Quatrième édition. Paris: Dalloz, 1986.

WATZLAWICK, Paul; BEAVIN, Janet Helmick; JACKSON, Don D. *Pragmática da comunicação humana:* um estudo dos padrões, patologias e paradoxos da interação. São Paulo: Cultrix, 1993.

WESTERMANN, Harry. *Código Civil alemão* – parte geral. Tradução de Luiz Dória Furquim. Porto Alegre: Sergio Antonio Fabris Editor, 1991.

WINDSCHEID, Bernhard Joseph Hubert. *Diritto delle pandette.* Trad. del Professori Carlo Fadda e Paolo Emilio

Bensa. v.1. Torino: ed. Unione Tipografico-Editrice Torinese, 1930.

XAVIER, Alberto. *Do lançamento no direito tributário brasileiro*. São Paulo: Editora Resenha Tributária. 1977.

________. *Os princípios da legalidade e da tipicidade da tributação*. São Paulo: Ed. Revista dos Tribunais, 1978.

ÍNDICE REMISSIVO

A

B

C

D

E

F

G

H

I

J

L

M

N

P

Q

R

S

T

U

V

ÍNDICE ONOMÁSTICO

A

B

C

D

F

G

H

J

K

I

L

M

N

O

P

R

S

T

V

W

X

Z